T0245555

Evolución espiritual

COLECCIÓN
CIENCIA Y RELIGIÓN

16

JOHN MARKS TEMPLETON

KENNETH SEEMAN GINIGER (EDS.)

EVOLUCIÓN ESPIRITUAL

*Diez científicos
escriben sobre su fe*

SALTERRAE

COMILLAS
UNIVERSIDAD PONTIFICIA

Título original:
Spiritual Evolution.
Scientists Discuss Their Beliefs

Publicado originalmente por Templeton Press en 1998.
©   1998 by K. S. Giniger & Company, Inc.
©   1998 by Templeton Press
      www.templetonpress.org

Traducción:
José Manuel Lozano-Gotor Perona

©   Universidad Pontificia Comillas, 2019
      28049 Madrid
      www.comillas.edu

©   Editorial Sal Terrae, 2019
      Grupo de Comunicación Loyola
      Polígono de Raos, Parcela 14-I
      39600 Maliaño (Cantabria) – España
      Tfno.: +34 944 470 358
      info@gcloyola.com / gcloyola.com

Diseño de cubierta:
      Laura de la Iglesia Sanzo

El presente volumen se publica gracias a una subvención concedida por la Fundación
John Templeton. Las opiniones expresadas en esta publicación son las de los autores y
no reflejan necesariamente los puntos de vista de la Fundación John Templeton.

Impreso en España. *Printed in Spain*
      ISBN Comillas: 978-84-8468-778-8

      ISBN: 978-84-293-2841-7
      Depósito legal: BI-423-2019

Fotocomposición:
      Rico Adrados, S.L. – Burgos / www.ricoadrados.com

Impresión y encuadernación:
      Gráficas Cems, S.L. – Villatuerta (Navarra) / www.graficascems.com

Índice

Introducción

AL PLANIFICAR EL PRESENTE LIBRO, invitamos a una serie de distinguidas figuras del mundo de la ciencia, de las que sabíamos que creían en un ser divino, a que escribieran sobre la experiencia o las experiencias que les condujeron a esa fe. Desde Australia, Inglaterra, Alemania y Estados Unidos recibimos respuesta positiva de personalidades vinculadas a diversas áreas de interés científico, tales como la astronomía, la biología, la química, la genética, la medicina, la física y la zoología.

La descripción habitual de cómo llega uno a creer posee carácter dramático y se plasma insuperablemente en el relato bíblico de la conversión de san Pablo (cf. Hch 9,1-18; 22,1-16; 26,9-18). Pablo, a la sazón todavía conocido como Saulo de Tarso, era uno de los principales perseguidores de los cristianos primitivos en nombre del gobierno. En el desempeño de esas tareas de persecución, se hallaba camino de Damasco cuando una luz del cielo resplandeció a su alrededor y la voz del Señor se dejó oír, dirigida a él. Esta experiencia fue el origen de su carrera como el apóstol Pablo.

Ninguno de los autores de este volumen atestigua haber vivido una experiencia del tipo «camino de Damasco» parecida. Sus experiencias de fe varían, yendo desde influencias recibidas en la infancia hasta procesos intelectuales adultos.

Y la forma que adquiere esa fe varía asimismo. La mayoría de los autores aquí reunidos confiesan pertenecer a Iglesias cristianas mayoritarias. Por desgracia, hemos sido incapaces de encontrar científicos cristianos fundamentalistas o no cristianos dispuestos a participar en esta iniciativa, pero no dudamos de que tales científicos existen.

La presente obra es, pues, testimonio del hecho de que la fe en Dios no está en conflicto con los rigurosos principios conforme a los cuales los hombres y mujeres de ciencia deben poner a prueba la verdad de sus descubrimientos científicos. Ciencia y religión pueden coexistir y de hecho lo hacen, y su convergencia resulta beneficiosa para ambas.

JOHN MARKS TEMPLETON

1

Mi «Damasco»

CHARLES BIRCH

Hubo una época en la que pensaba que la conversión religiosa era un acontecimiento excepcional, como sin duda parecía que lo había sido para san Pablo en el camino hacia Damasco. Ahora no estoy tan seguro de que lo sea, ni siquiera en el caso de san Pablo. Ahora pienso más bien que necesito convertirme día a día. Ese proceso, a buen seguro, comenzó en algún momento para mí, pero no fue uno de esos fenómenos que acaecen de una vez por todas.

Fui criado en Melbourne como anglicano evangélico [*evangelical*] de la Iglesia Baja [*Low Church*]. El pecado, la salvación de las almas, la interpretación literal de la Biblia, los milagros y la eficacia del sacramento de la sagrada comunión estaban a la orden del día. Acepté todo el lote de manera formal, pero el terreno escabroso apareció durante la adolescencia. De modo bastante repentino cobré conciencia de que no era suficientemente bueno. Aun la rectitud que pudiera tener, se me recordaba, no era «sino paño asqueroso» (como dice el profeta Isaías). Era incapaz de entender los nuevos y poderosos impulsos de la adolescencia. Creía que estaba abocado a ser un gran pecador. Leí las *Confesiones* de san Agustín y me dije: «Este soy yo». Este autodiagnóstico se veía reforzado por un grupo fundamentalista de nombre «los Cruzados», en el que me involucré en el Colegio Escocés donde cursaba mis estudios. Nunca me sentí a gusto en ese grupo. De hecho, me sentía muy avergonzado. No quería confesar en público mis pecados, fueran los que fueran, y me incomodaban los llamados testimonios personales. Yo no tenía testimonio alguno que contar, pero quizá era eso lo que necesitaba. No sabía en absoluto qué querían decir cuando me exhortaban a entregar mi vida a Jesús. Me preguntaba: ¿cómo puedo entregarme a alguien que vivió hace dos mil años y a quien nunca he conocido? Recuerdo que me decían: «Tienes que estar dispuesto a romper el hielo». Pienso que querían decir que debía intentar saltar la primera valla en el camino de la conversión y el resto seguiría por sí solo en un sendero de cómodo trazado.

En las largas horas de la noche y de la madrugada reflexionaba sobre todo esto. Pero solo sentía que la vida era una gran carga y que yo era incapaz e indigno de llevarla. En mi ejemplar de *El progreso del peregrino*, la novela alegórica de John Bunyan publicada en dos partes, la primera en 1678 y la segunda en 1684, había una imagen de Cristiano, el protagonista, avanzando en su larga caminata con un gran fardo a la espalda. En un lugar posterior del libro aparecía otra imagen de Cristiano, llegado ya al pie de la cruz... y mira por dónde, justo entonces el fardo cae al suelo y libera sus cansados hombros. Eso es lo que quería que me sucediera a mí. ¿Por qué no ocurría? Luego, de forma bastante repentina –recuerdo incluso el momento y el lugar–, me pregunté: «¿Por qué voy lastrado con la sensación de ser un pecador si Jesús dijo que todos nuestros pecados quedaban perdonados?». Para mí, aquello significaba que el pasado es eso, pasado, y que yo podía empezar de nuevo, desde cero, justo en aquel instante. Ya no tendría que seguir llevando aquel fardo a mi espalda. Así que oré y supliqué ser liberado de la carga que me lastraba. Y lo fui. Me consideré salvado.

A la sazón era un estudiante de grado en la Universidad de Melbourne y estaba convencido de que tenía la respuesta a la pregunta por el sentido de la vida. Me hice catequista [en la llamada *Sunday School*] y asistía a reuniones evangélicas. Mi madre me llevaba con ella a algunas de aquellas reuniones, pues tendía un poco en esa dirección. Al menos, intuía que las respuestas podían estar allí. Durante los cuatro años que duraron mis estudios de grado, esta fue mi posición. En las clases de biología se acentuaba el hecho de la evolución, pero eso me preocupaba poco. La Biblia enseñaba otra cosa, y el creacionismo era lo que yo tenía que creer. Tenía una fe religiosa que englobaba la verdad entera sobre el mundo. Mi fe era firme y mi dirección estaba fijada. Quería convertir al mundo. Visto retrospectivamente, me doy cuenta de que, en mi época de estudiante de grado, no había aprendido aún a pensar.

Las cosas cambiaron cuando inicié los estudios de posgrado en la Universidad de Adelaida, en su principal instituto de investigación agraria. Mis compañeros parecían ser ateos o agnósticos. Veían con extrañeza que yo me tomara en serio la religión. En particular, mi director de tesis había reflexionado a fondo al respecto y consideraba la religión como una forma de anticiencia y como la fuente de muchos de los males existentes en la sociedad. Mantuve muchas conversaciones con él, sobre todo cuando nos adentrábamos en el desierto en viajes de estudio. Yo no estaba en condiciones de defender intelectualmente mi posición. Esta estaba salpicada de agujeros. Mi religión no combinaba bien con mi ciencia.

Entonces se produjo mi segunda conversión. Esta fue una conversión intelectual. Las semillas de la duda habían sido sembradas, y ahora quería saber a toda costa cómo enfrentarme con ellas. Mi fe, que me había dado una formidable sensación de sentido en la vida, estaba empezando a resquebrajarse.

El comienzo de una solución a mi apremiante búsqueda de sentido llegó a través del Movimiento Cristiano de

Estudiantes (SCM, por su sigla en inglés). Este me mostró que había una interpretación del cristianismo alternativa al fundamentalismo. Y me enseñó a creer. El sosiego, cuando principió a restablecerse, vino como si se tratara del trenzado de varias hebras. Era consciente de que se estaba formando una suerte de suelo bajo mis pies. Traté de romperlo. Pero las hebras se resistieron a ser rotas. Ello tuvo como efecto el restablecimiento de una confianza fundamental en lo referente al sentido de la vida humana. Me di cuenta de que algunos de los elementos de antaño habían regresado, diferentes de como eran antes, ya no tomados en préstamo, ya no de segunda mano. Para bien o para mal, ahora eran míos.

Los elementos de mi primera conversión, sumamente emocional, que retornaron renovados fueron las experiencias de perdón, el valor para afrontar lo nuevo, la conciencia de no estar yo solo en el universo; y a todo eso se le podía dar un nombre: los valores de la existencia que nos ha sido revelada en la vida de Jesús. Dios, como fuente de todo valor, estaba «más cerca que las manos y los pies, más próximo que el aliento» [cita aproximada de un poema de *lord* Tennyson]. La experiencia de Dios era real. La interpretación era diferente. Esta nueva comprensión llegó por grados.

Ahora tenía un problema nuevo. La ciencia con la que me estaba familiarizando me presentaba un universo mecanicista, que no ofrecía pista alguna sobre el sentido de la vida y las experiencias fundamentales de valor que se dan en la vida. La ciencia no tenía nada que decir sobre mis sentimientos, que eran para mí la parte más importante de la vida. ¿Cómo podían encajar en un universo mecanicista? Emprendí un nuevo viaje de descubrimiento. Comenzó cuando mis recién encontrados mentores del Movimiento Cristiano de Estudiantes, sobre todo uno de ellos, me insistieron en que leyera *La ciencia y el mundo moderno* de A. N. Whitehead. Sentí que estaba escrito especialmente

para mí, en particular el capítulo 5: «La reacción románti-
ca». Al leer a Whitehead, mi mente retrocedió a una conferencia impartida por mi profesor de Zoología, W. E.
Agar, que había escuchado siendo estudiante de grado, pero que a
la sazón no entendí. Había versado sobre filosofía de la biología. Recordaba justo lo suficiente para caer en la cuenta
de que Agar había descubierto que, para él, Whitehead era
fundamental para entender los problemas filosóficos plan-
teados por la biología. Así que le escribí y le pregunté qué
debía leer ahora. Me contestó que leyera de inmediato *The
Philosophy and Psychology of Sensation* [La filosofía y la
psicología de la sensación] de Charles Hartshorne, recién
publicada. Agar añadió que él mismo acababa de escribir un
libro en el que proponía una interpretación whiteheadiana
de la biología, modestamente titulado *A Contribution to the
Theory of the Living Organism* [Una contribución a la teoría
del organismo]. Su primera frase rezaba: «La tesis principal de este libro es que todos los organismos son sujetos».
Esto es lo que yo necesitaba saber. ¿Cómo podía conciliarse
una biología que tenía a los organismos por objetos con la
idea de los organismos como sujetos sentientes? Comprendí que Agar era un biólogo que aceptaba la mentalidad, los
sentimientos y la sentiencia [*sentience*] como reales, no solo
como epifenómenos. Además, identificaba tres áreas de la
biología que parecían resistirse a un análisis enteramente
mecanicista.

Estas tres áreas eran la biología del desarrollo o embriolo-
gía, la conducta y la evolución. Agar era un brillante biólogo
celular. Se había formado en el King's College de Cambridge,
y a los treinta y ocho años de edad había sido elegido miembro de número [*fellow*] de la Royal Society. Con el libro de
Agar se inició mi exploración de la biología a la luz del sistema de pensamiento de Whitehead. Mucho más tarde experimenté un sentimiento de afinidad similar con el genetista

C. H. Waddington, quien en una ocasión me contó que había leído todas las obras de Whitehead siendo estudiante de grado en Cambridge. Y que estas lecturas habían influido en gran medida tanto en su elección de problemas sobre los que trabajar como en la manera en que había tratado de resolverlos. Por lo que a mí respecta, no reuní todas estas ideas en forma de libro hasta hace bien poco, cuando escribí cinco obras sobre esta materia (Birch y Cobb 1981; Birch 1990; Birch 1993; Birch, Eakin y McDaniel 1994; Birch 1995).

Durante los estudios de posgrado, además de todo lo que encontré de Whitehead y Hartshorne, leí los diálogos platónicos como obras sumamente relevantes y, sobre cuestiones más específicamente religiosas, todo texto de Harry Emerson Fosdick que caía en mis manos. Fosdick era a la sazón el pastor de la gran Riverside Church de Nueva York, una comunidad interconfesional, interracial e internacional, justo al lado de la Columbia University. Era un brillante predicador y sostenía una teología evangélica liberal que le causó problemas con la Asamblea General de la Iglesia presbiterana de Estados Unidos cuando era pastor de la First Presbyterian Church de Manhattan. Fue acusado de herejía, pero respondió que se avergonzaría de vivir en esta generación y no ser hereje. Reinhold Niebuhr dijo que esta era la época en la que la antigua piedad evangélica del protestantismo estadounidense, tan vital en su forma previa y tan potente para domeñar una frontera que avanzaba, se había anquilosado en un biblicismo y un legalismo ayunos de gracia.

Fosdick, con esfuerzo, se había abierto camino a través del fundamentalismo de su juventud hacia una fe racional. En particular, muchos universitarios recuperaron la fe gracias a este brillante predicador tan adelantado a su tiempo. De vez en cuando todavía hago referencias a alguno de sus numerosos sermones publicados y siempre que estoy en Nueva York intentó hacer una peregrinación a la Riverside

Church. En la primera visita que hice en 1946 (el año en que él se jubiló), tuve oportunidad de confesarle en persona a Fosdick qué gran influencia había tenido en mí y en otros estudiantes conocidos míos en Australia. Así pues, es para mí una gran alegría que uno de sus himnos, «God of Grace and God of Glory» [Dios de la gracia y Dios de la gloria], haya sido incluido en *The Australian Hymn Book*. Fue escrito para la consagración de Riverside Church en 1931:

«Set our feet on lofty places;
gird our lives that they may be
armoured with all Christ-like graces
in the fight to set men free.
Grant us wisdom,
grant us courage,
that we fail not man nor thee».

(Coloca nuestros pies en lugares elevados,
ciñe nuestras vidas de modo que estén
acorazadas con todas las gracias de Cristo
en la lucha por liberar a los hombres.
Concédenos sabiduría,
danos coraje,
para que no fallemos al hombre ni te fallemos a ti).

En la década de 1950, cuando estuve investigando en la Columbia University, me hice miembro de la Riverside Church. Más tarde, a modo de vínculo con Australia, regalé a la capilla del Wesley College de la Universidad de Sídney un juego de cálices individuales plateados para la comunión, idénticos a los que se usaban en la Riverside Church.

El relato de mi itinerario como estudiante de posgrado no estaría completo si no señalara cuán importante fue para mí en este estadio de mi vida la amistad de quienes se hallaban más avanzados que yo en ese periplo. En particular, recuerdo a uno de los líderes del Movimiento Cristiano de Estudiantes en la Universidad de Adelaida. En aquel entonces, él era profesor ayudante de Filosofía. Hacia el final de mis estudios de grado en Adelaida escribí sobre él en la revista nacional de dicho movimiento sin mencionar su nombre ni tampoco el mío. Titulé mi artículo: «Alguien». Este era, en parte, su contenido:

«Me acababa de graduar en la universidad. Era un sentimiento extraño. Se suponía que sabía mucho, pero en mi fuero interno era consciente de que la vida constituía un misterio para mí. Había fragmentos de hilos de sentido, pero se enredaban entre sí en cuanto intentaba seguirlos, y desde luego que lo intenté... con todas mis fuerzas. Había cosas sobre Dios que me sentía obligado a creer, pero no sabía por qué. Algunos de mis compañeros las llamaban "fantasías de la imaginación". Comencé a preguntarme acerca de mí mismo. A veces habría prescindido por completo de la religión, por razones en parte morales, en parte intelectuales. Sin embargo, la perspectiva de una juventud privada de idealismo hacía que me echara atrás. Luego, las cosas cambiaron. El cambio se debió a la aparición de alguien. Esa persona tenía sólidas convicciones sobre Jesús y sobre Dios. En su vida, los hilos no estaban enredados. Ahora sé por qué los míos sí lo estaban: eran una mezcla de hebras verdaderas y falsas. Esto no lo sabía yo en aquel entonces; no lo supe hasta que él apareció. Sus convicciones tenían algo de persuasivas. En la amistad que siguió, más que enseñarme, lo que hizo fue mostrarme dónde descubrir a Dios. Me condujo a aguas tranquilas. Me ayudó a hacer lo que antes pensaba que nunca sería capaz de hacer. Él fue para mí el amigo del que habla Emerson: "Necesitamos a alguien que nos ayude a hacer lo que podemos hacer". Ahora me percato de que él creía en mí cuando yo no creía en mí mismo. La suya era una fe en las posibilidades infinitas que para los seres humanos contiene el universo de Dios y una fe en la capacidad de todos y cada uno de nosotros para responder.

Era un misionero, no de los que marchan a países extranjeros, sino de los que desempeñan su labor entre nosotros. Llegué a la convicción de que el mayor servicio que podemos prestar a cualquiera es mostrarle la persona que él o ella puede llegar a ser. En los caminos principales y secundarios de Palestina, Jesús de Nazaret fue ese Alguien para todo el que lo necesitaba: para la mujer junto al pozo en Samaría, para Zaqueo subido a un árbol, para Pedro y Santiago y Juan al lado de sus redes. En la última hora que la vida le ofreció, a despecho de la agonía de la cruz, fue ese Alguien para el ladrón desdichado que colgaba en la cruz vecina. Hay un antiguo himno evangélico que empieza con las palabras: "Alguien vino", y luego pregunta: "¿Eras tú ese alguien?"».

Mis nuevos descubrimientos sobre el sentido de mi vida suscitaron en mí insatisfacción con la perspectiva de una carrera dedicada íntegramente a la investigación. Amaba la investigación y el instituto de investigación en el que trabajaba, pero también quería estar más implicado con personas. Para lograrlo, lo obvio era conjugar investigación y docencia. Sentía que necesitaba probar en un departamento que posibilitara ambas. Aún hoy recuerdo vivamente el lugar exacto de la serpenteante carretera que asciende las estribaciones montañosas a la espalda de Adelaida en el que tomé la decisión. Iba en bici y paré para hacer un breve descanso. Ante mí se extendían los amplios terrenos y edificios del Waite Agricultural Research Institute. En ese momento simbolizaban para mí la investigación a tiempo completo. Eso era magnífico, pero insuficiente. Además, cada vez me interesaban más los problemas fundamentales en biología en vez de los problemas aplicados de agricultura, a los que hasta entonces me había dedicado. En ese lugar tomé la decisión de buscar experiencia adicional en un departamento de biología en el extranjero.

El sitio evidente para investigar en biología poblacional a finales de la década de 1940 era la Universidad de

Chicago. Además, sospechaba que me había equivocado de camino en lo relativo al sentido de la vida. Ya me había ocurrido anteriormente con el fundamentalismo. En Adelaida estaba en las antípodas del pensamiento del proceso de Whitehead. Necesitaba poner a prueba mis convicciones en un entorno por completo diferente. Así que me fui a Chicago.

Aunque no lo sabía cuando partí hacia Chicago para investigar y asistir a cursos de biología, aquella universidad era a la sazón el centro mundial del pensamiento del proceso (whiteheadiano). En el Departamento de Filosofía estaba el catedrático Charles Hartshorne; y en la Divinity School, la Facultad de Teología, estaban los catedráticos Henry Nelson Wieman, Bernard Meland, Bernard Loomer y Daniel Day Williams. Para incrementar aún más tanta riqueza, el catedrático más distinguido del Departamento de Zoología, en el que yo iba a colaborar, era Sewall Wright. No solo era uno de los cuatro padres fundadores de la síntesis neodarwinista de la evolución (los otros eran *sir* Ronald Fisher, J. B. S. Haldane y Theodosius Dobzhansky), sino un whiteheadiano y un amigo íntimo de Charles Hartshorne. Algunos años más tarde, en 1953, Wright pronunció el discurso presidencial a la Sociedad Estadounidense de Naturalistas, titulado: «Gen y organismo». En él desplegó una defensa sólidamente argumentada de que el gen es un organismo y, por consiguiente, un sujeto, no un mero objeto.

Mis días en Chicago transcurrieron entre el laboratorio, mi ocupación principal, y la asistencia a cursos de evolución, genética, ecología y teología del proceso. Aprendí mucho sobre una clase de educación universitaria hasta entonces desconocida para mí. Robert Maynard Hutchins era el joven y brillante rector que, con su poco habitual visión, estaba transformando la Universidad de Chicago. Decía que quería un equipo de fútbol americano que pudiera sentirse orgulloso de la universidad, no al revés.

Fueron días emocionantes. Mis nuevas experiencias estaban reforzando los cimientos de mi pensamiento. Sabía que me encontraba en un camino que ahora ya no abandonaría. Durante mi estancia en la Universidad de Chicago, conocí a Ian Barbour, quien estaba terminando su doctorado en Física y más tarde se convertiría en un líder mundial en el diálogo entre ciencia y religión. En el curso de los años tuvimos muchas conversaciones sobre este tema. Desde el principio, la relación con un físico que trataba de conciliar física y religión me reafirmó en mi propósito de hacer otro tanto con la biología.

Traté a Charles Hartshorne y su mujer Dorothy en los años subsiguientes, con ocasión tanto de sus visitas a Australia como de las mías a Estados Unidos. Un día le pregunté a quién más debía conocer. Sin dudarlo, me respondió: «A mi más brillante discípulo, John Cobb». Así comenzó una amistad con John Cobb, del Center for Process Studies en Claremont, California, que nos indujo a trabajar juntos sobre la relación entre el pensamiento del proceso y la biología. Nuestro trabajo propició un congreso, que se celebró en 1974 en el Rockefeller Center for Consultations, sito en Villa Serbelloni, Bellagi (Italia), y una obra colectiva, *Mind in Nature*, editada por John B. Cobb y David Ray Griffin. Más tarde, Cobb y yo escribimos conjuntamente *The Liberation of Life: From the Cell to the Community* [La liberación de la vida: de la célula a la comunidad].

Durante mis años en el extranjero seguí involucrado en el Movimiento Cristiano de Estudiantes, que formaba parte de la Federación Cristiana Mundial de Estudiantes. Mi primera experiencia realmente ecuménica la viví como uno de los representantes del Movimiento Cristiano de Estudiantes de Australia en el primer congreso mundial de la Juventud Cristiana (Christian Youth), que tuvo lugar en Oslo en 1947. Después de esa reunión, pasé una semana en un chalé en Grindelwand (Suiza), con un grupo de estudiantes europeos que habían sufrido gravemente en la guerra. ¡Mi compañero de habitación era un alemán que había sido hecho prisionero por los australianos mientras servía en el ejército alemán en África del Norte! Caí en la cuenta de cuán terrible es la guerra: unos cuantos años antes se me habría exigido que considerara a aquel muchacho un enemigo. A partir de aquel momento sentí una cierta empatía con los estudiantes alemanes, empatía que devino aún más intensa cuando mi compromiso con el Consejo Mundial de Iglesias me llevó a diversos lugares de Alemania Oriental. Gracias en parte al Movimiento Cristiano de Estudiantes de Australia, durante veinte años fui miembro de la comisión de trabajo del Consejo Mundial de Iglesias en materia de ciencia, medio ambiente y tecnología. Durante esta parte de mi vida, el personal del Consejo Mundial de Iglesias estaba formado casi en su totalidad por antiguos miembros del Movimiento Cristiano de Estudiantes. Los grupos del movimiento a lo largo y ancho del mundo fueron una suerte de campo de entrenamiento para el movimiento ecuménico mundial. Era como si todos nos conociéramos personalmente. La mayor parte de mi colaboración con el Consejo Mundial de Iglesias se llevó a cabo a través de un miembro del personal, el Dr. Paul Albrecht, quien procedía del neoyorquino Union Theological Seminary de los grandes tiempos de Reinhold Niebuhr. Su influencia impidió que me dejara llevar por visiones demasiado utópicas y me ayudó a reconocer las ambigüedades presentes en casi todo cuanto hacemos.

Mis investigaciones sobre los aspectos ecológicos de la evolución me llevaron a trabajar en el laboratorio de Theodosius Dobzhansky, primero en la neoyorquina Columbia University y luego en Brasil; posteriormente, él vino a trabajar en mi laboratorio de la Universidad de Sídney.

Dobzhansky representó un reto para mi pensamiento. Era un darwinista estricto y famoso como tal. Pero todo el tiempo le rondaba en la cabeza la educación que había recibido en Rusia en el seno de la Iglesia ortodoxa. ¿Cómo podía conjugar lo uno y lo otro? Eso representaba un problema para él cuando nos conocimos. No le entusiasmaba la síntesis de ciencia y religión que yo estaba descubriendo a través del pensamiento de A. N. Whitehead. Le interesaba más la síntesis de Teilhard de Chardin, quien era paleontólogo y sacerdote. Le atraía la noción teilhardiana de Punto Omega, a saber, la idea de que la evolución cósmica se encaminaba hacia una meta última. Sin embargo, rechazaba una de las tesis centrales de Teilhard (que lo es también de Whitehead), la de que existe un «interior de las cosas». Esta es la noción de que toda entidad individual, desde los quarks a los seres humanos, tiene un aspecto subjetivo, que en estos últimos se manifiesta como conciencia.

Persuadí a Dobzhansky para que me acompañara a algunas conferencias de Paul Tillich. Enseguida le atrajo el concepto tillichiano de «preocupación última» [*ultimate concern*], que es esencialmente un sinónimo del término «Dios». Dobzhansky se preguntaba cómo pudo evolucionar el interés humano por la preocupación última. Esta búsqueda se tradujo en el libro *The Biology of Ultimate Concern* [La biología de la preocupación última]. Dobzhansky luchaba, al igual que yo, con el problema de la evolución de lo subjetivo. Mi solución whiteheadiana era que lo subjetivo existe, en cierta forma, en todo el espectro que se extiende desde los quarks hasta las personas. Dobzhansky argumentaba que lo subjetivo (por ejemplo, lo mental) emergió en algún estadio de la evolución de los animales. Nunca dejamos de discrepar sobre este asunto, como se evidencia en su libro posterior *The Biological Basis of Human Freedom* [La base biológica de la libertad humana]. Pero las múltiples conversaciones que mantuve con Dobzhansky al respecto, tanto en el laboratorio como en las selvas de Brasil y de Australia, me ayudaron a ser consciente de la importancia central de la cuestión. Ni Dobzhansky ni yo tuvimos mucho apoyo de los principales evolucionistas de aquella época, Ernst Mayr y G. G. Simpson, entre otros, quienes eran amigos íntimos suyos y mecanicistas estrictos en su pensamiento. Tendían a echarme la culpa de haberlo descarriado de su senda estrictamente mecanicista.

La evolución de lo mental o, como yo prefiero llamarlo, lo subjetivo es justo el problema que Whitehead (1933) planteó claramente cuando escribió:

«Una filosofía cabalmente evolucionista no se compadece con el materialismo. El elemento primigenio, el material del que parte una filosofía materialista no es susceptible de evolución. Este material es en sí la sustancia última. La evolución se reduce, de acuerdo con la teoría materialista, a ser otro término para designar los cambios de las relaciones externas entre porciones de materia. No hay nada que evolucione, porque un conjunto de relaciones externas es tan bueno como cualquier otro. Solo puede haber cambio, sin finalidad ni progreso alguno... Así pues, la doctrina pide a gritos una concepción de organismo que entienda a este como algo fundamental para la naturaleza» (134).

La concepción de organismo que Whitehead llamaba «filosofía del organismo» implica un distanciamiento radical de la interpretación de los seres vivos como máquinas. Es el principio que entiende la experiencia humana como ejemplificación de nivel superior de la realidad en general. Todas las entidades individuales, desde los quarks hasta las personas, se consideran constituidas por algo análogo a la experiencia tal como la conocemos en nuestras vidas y que, a falta de otro término, se denomina «experiencia». De ahí que un nombre alternativo para la filosofía whiteheadiana del organismo sea el de «filosofía del panexperiencialismo». Comporta la proposición de que lo mental no puede surgir de lo no mental. La subjetividad no puede emerger de algo que no es subjetivo. La libertad y la autodeterminación no pueden proceder de algo completamente desprovisto de libertad y autodeterminación. En vez de ser una aparición tardía en la evolución del cosmos, la sentiencia o experiencia está presente ya desde las primeras entidades de la creación. Todas las entidades individuales, desde los quarks hasta las personas, tienen en común con la experiencia humana el hecho de que toman en consideración su entorno a través de sus relaciones internas. La mayor parte del pensamiento occidental se ha centrado en relaciones externas (que empujan o tiran). Una relación externa no afecta a la naturaleza de las cosas relacionadas. Una relación interna es diferente. Es constitutiva del carácter e incluso de la existencia de algo. Con las palabras que *lord* Tennyson puso en boca del aventurero Ulises: «Soy parte de todo lo que he encontrado».

El principio de panexperimentalismo está implícito en la pregunta retórica del físico cuántico J. A. Wheeler: «Aquí hay un ser humano; así pues, ¿qué debe ser el universo?». No podemos saber en qué consiste la naturaleza fundamental del universo a no ser que tengamos en cuenta al ser humano capaz de experiencia que evolucionó en su seno. A partir de un universo formado en su estadio inicial por hidrógeno evolucionaron moléculas complejas y, eventualmente, seres humanos. Estas eran, al igual que todo lo que hay entremedias, potencialidades presentes desde el comienzo del universo.

¿Dónde encaja en este escenario el concepto de Dios? En mi antigua época no ilustrada imaginaba a Dios como un ingeniero divino que manufacturaba cosas de modo muy parecido a como un relojero fabrica un reloj. Pero Darwin mostró que ese concepto no cuadraba con lo que él estaba descubriendo en la teoría de la selección natural de variaciones aleatorias. El darwinismo fue un golpe letal para la teología natural de su tiempo. Pero no excluyó, por supuesto, la posibilidad de otro concepto de Dios. Mi paso siguiente de la mano de Whitehead fue en esa dirección.

Contemplando el proceso evolutivo del cosmos, Whitehead arguyó que «la potencialidad del universo debe estar en algún lugar». Con «algún lugar» se refería a «alguna entidad real [*actual* en inglés]». A esa entidad real la llamó «la mente de Dios». Y, más importante aún, la naturaleza de la actividad divina en el universo no es otra que la persuasión amorosa. Cobré clara conciencia de que los conceptos de omnipotencia divina y gobernante divino no son aplicables ya; antes bien, el amor persuasivo es el único poder que cuenta. Me vi llevado de regreso a la imagen de Jesús como el sentido del amor en la vida humana y a la imagen de ese mismo amor como una influencia divina en el conjunto del universo. Dios actúa en tanto en cuanto es sentido por sus criaturas, ya sean estas protones o personas. Como amor persuasivo, Dios confronta sin cesar al mundo con las posibilidades de su futuro.

Esto devino una visión muy personalista de Dios, pues fui capaz de reconocer que el Dios que influye en la vida humana opera del mismo modo en el resto de la creación. Estaba descubriendo un nuevo significado para la finalidad divina. Hasta entonces había pensado con ayuda de la imagen del diseño. Pero las potencialidades del universo y el modo en que se realizan no adoptan la forma de un proyecto cerrado para el futuro. Me percaté de que era engañoso hablar de diseño divino. El término «diseño» connota un plan detallado preconcebido; esta es una de las razones por las que el darwinismo supuso un golpe tan severo para el deísmo de la *Teología natural* de William Paley, que Darwin había leído mientras estudiaba en Cambridge. El término «finalidad» (o propósito) es mejor que «diseño», ya que no tiene esa connotación. Nada se halla determinado por completo. Eso lo aprendí de la ciencia. El futuro está abierto. Entendí que una de las razones que explican esto es que Dios no es la única causa de todo lo que acontece. Dios ejerce causalidad siempre en relación con seres que tienen su propia medida de autodeterminación. Dios es nuestro compañero en el avance creador hacia la realización de posibilidades aún no realizadas. «Dios se dirige a nosotros en todo acontecimiento», dice Martin Buber. Y esto vale asimismo para el resto de la creación.

Esto me llevó a una comprensión nueva del significado de «providencia». Esta es una palabra difícil con diversas acepciones. No significa un plan divino en el que todo está predeterminado, como en la fabricación de una máquina. Antes bien, significa que en toda situación late una posibilidad creadora y salvadora que no puede ser destruida por ningún suceso. La forma de poder más admirable y creadora no es el poder coercitivo, sino el poder que empatiza con otros y los empodera.

Es cierto que algunos acontecimientos en la historia del cosmos, incluida la historia humana, poseen más significado que otros. Son acontecimientos cimeros. Yo solía concebirlos como actos especiales del poder de Dios, que intervenía de un modo especial en el mundo. Ahora veo que ese modo de considerar los acontecimientos cimeros convierte a Dios en un agente de intervención mecánica, incluso en un mago. Reemplaza el amor persuasivo por el *fiat*, por el ordeno y mando.

Pero ¿qué hay del mal en el mundo? Nunca me ha parecido creíble la idea de que todo fue creado perfecto hasta que aparecieron los seres humanos y entonces las cosas se torcieron. Sin embargo, el mal, tanto en la naturaleza como en la vida humana, es una realidad. Me di cuenta de que, si entendemos a Dios como el factor en el universo que causa novedad, vida, intensidad de sentimiento, conciencia y libertad, debemos reconocer que él es también responsable del mal en el mundo. Si no existiera nada en absoluto o existiera tan solo el caos total, si no hubiera más que algunos niveles muy simples de orden, habría poco mal. En lugar de ello habría ausencia tanto de bien como de mal. En un mundo desprovisto de vida, terremotos y tornados no serían buenos ni malos. Únicamente allí donde existen valores significativos surge la posibilidad de su frustración y destrucción. La posibilidad de dolor es el precio a pagar por la conciencia y por la capacidad de sentimiento intenso. El mal existe en cuanto corrupción de la capacidad de amor. Así, Dios, al crear el bien, suministra el contexto en que se da el mal. Según esta visión, el mal no procede de la providencia, sino del azar y la libertad, sin las cuales no podría haber mundo alguno.

De Paul Tillich, tanto en sus clases neoyorquinas como por sus sermones, aprendí que nuestra única respuesta adecuada al amor persuasivo de Dios, al amor de la preocupación última, es la pasión infinita. Esta es ese «con todo» del que habla Jesús. Se nos pide una respuesta total con el corazón y con la mente y con todas nuestras fuerzas. Echando la vista atrás, me parece que mis comienzos evangélicos me enseñaron la respuesta del corazón, pero me dejaron en la estacada en lo que atañe a una respuesta adecuada de la mente. El Movimiento Cristiano de Estudiantes me enseñó el sentido de ofrecer una justificación intelectual de lo que uno cree. Es como si primero hubiese experimentado a Dios y luego hubiese pasado el resto de mi vida tratando de explicar esa experiencia inicial. Y cuanto más entendía, tanto más capaz era de experimentar. Eso aporta viveza a la experiencia humana, tal como lo expresa T. S. Eliot:

«We had the experience but missed the meaning.
And approach to the meaning restores the experience.
In a different form».

(«Tuvimos la experiencia pero no su sentido,
y abordar el sentido restaura la experiencia
de manera distinta»
[trad. de J. Malpartida y J. Doce]).

Sin embargo, la ciudad celestial de la iluminación no ha
llegado todavía. Aprendí de Reinhold Niebuhr que, en las
vidas humanas, la voluntad de vivir verdaderamente muta
con facilidad en voluntad de poder. El interés propio des-
mesurado trueca la voluntad de vivir verdaderamente en
una voluntad de poder destructiva. La misma persona que
tiene capacidad de trascender el interés propio presenta
también grados variables del poder del interés propio y de
la sumisión ciega de la voluntad a tales intereses. Ahora
sé que la conversión no es un fenómeno que acontezca de
una vez para siempre. Debo renacer día a día, hora a hora,
ya que el interés propio no es aniquilado de una vez por
todas. Pienso que ello se debe a que el interés propio tiene una cara válida y puede ser creativo. Cuando imparto
una conferencia, quiero que influya en mi auditorio. Para
lograrlo, tengo que llevar a cabo una representación tea-
tral. Entonces devengo importante; de hecho, la conferencia probablemente no será buena a menos que yo también
disfruté con ella. La respuesta del auditorio me procura
satisfacción, pero no debo permitir que mi satisfacción se
torne excesiva. Tengo que estar permanentemente vigilan-
te si no quiero caerme de espaldas sobre este filo de la
navaja de la vida.
    Si de verdad somos cocreadores con Dios, para mí resul-
ta importante saber si nuestra contribución es duradera o se

desvanece con la muerte. La cuestión es relevante no solo en relación con mi muerte, sino también en relación con la muerte definitiva del universo, tal y como la entienden los cosmólogos. Nunca he sido capaz de aceptar la idea de una finalidad (o propósito) humana al margen de una finalidad cósmica a la que aquella contribuye. Con todo, tampoco me ha resultado nunca atractiva la noción de recompensas y castigos *post mortem*. Lo que eventualmente se me antojó útil fue la proposición de Whitehead de que tan verdadero es decir que el mundo, al ser creado, experimenta a Dios como decir que Dios experimenta al mundo cuando este es creado: que todo lo que hacemos y todo lo que cualquier criatura hace representa una diferencia para Dios. ¡El universo nunca sería como es si no hubiéramos existido! Dios es tanto causa en lo que atañe a la creación del mundo como efecto en lo que atañe a la experiencia del mundo. Hay un testimonio bíblico de un Dios que está profundamente comprometido con su creación y con las alegrías y sufrimientos de esta. Dios no es el productor de la obra que sigue entre bastidores su representación. Dios está sobre el escenario sintiendo cada sentimiento con máxima intensidad (cf. Rom 8). Así, en este sentido Dios salva al mundo en el acto mismo de crearlo, y cada creación deviene una experiencia nueva para Dios. Tal es la parte más especulativa del pensamiento de Whitehead sobre Dios. Al igual que otras construcciones intelectuales sobre Dios, esta tiene carácter provisional en grados variables. La adhesión a un credo es peligrosa para la integridad de la conciencia. Sin embargo, sigue existiendo necesidad de algún sentido de finalidad cósmica que trascienda el mundo y todas las experiencias que vive a medida que es creado. En un cosmos dotado de finalidad se necesita alguna doctrina de la inmortalidad. Muchas Iglesias formulan esto en enunciados de creencia detallada. Para mí, no se trata de creencia, sino de fe.

La esencia del cristianismo se encarna, a mi juicio, en la persona y la enseñanza de Jesús. El cristianismo es fe en Dios como preocupación última. Es fe en las posibilidades y el carácter sagrado de la vida humana y en la vida de todas las criaturas. Me siento llamado a responder a la preocupación última con todo el corazón y toda la mente y todas las fuerzas. Así, con el paso de los años he sentido crecientemente la necesidad de ser capaz de ofrecer justificación de mi fe tanto desde la razón como desde la experiencia.

Bibliografía

AGAR, W. E., *A Contribution to the Theory of the Living Organism*, Melbourne University Press / Oxford University Press, Melbourne/Oxford 1943.

BIRCH, Charles, *On Purpose*, New South Wales University Press, Kensington 1990 (publicado también como *A Purpose for Everything*, Twenty-Third Publications, Mystic, Conn., 1990).

–, *Regaining Compassion: For Humanity and Nature*, Chalice Press, St. Louis, Mo. 1993.

–, *Feelings*, New South Wales University Press, Kensington 1995.

BIRCH, Charles y John B. COBB, *The Liberation of Life: From the Cell to the Community*, Cambridge University Press, Cambridge 1981.

BIRCH, Charles, William EAKIN y Jay B. McDANIEL, *Liberating Life: Contemporary Approaches to Ecological Theology*, Orbis Books, Maryknoll, N.Y. 1994.

DOBZHANSKY, Theodosius, *The Biology of Ultimate Concern*, New American Library, New York 1967.

–, *The Biological Basis of Human Freedom*, Columbia University Press, New York 1956.

HARTSHORNE, Charles, *The Philosophy and Psychology of Sensation*, University of Chicago Press, Chicago 1934.

WHITEHEAD, A. N., *Science and the Modern World.*: Cambridge University Press, Cambridge 1933 [trad. esp.: *La ciencia y el mundo moderno*, Losada, Buenos Aires 1949].

WRIGHT, Sewall, «Gene and Organism»: *American Naturalist* 87 (1953), 5-18.

2

Senda tranquila, estanque sereno

S. JOCELYN BELL BURNELL

Nací y crecí como cuáquera, miembro de la Sociedad Religiosa de Amigos, y continúo participando activamente en esa tradición. Puesto que algunos lectores quizá no estén familiarizados con el cuaquerismo británico, el presente ensayo comenzará con algunas explicaciones al respecto.

1. ¿Qué es el cuaquerismo?

El cuaquerismo en Estados Unidos es singularmente diverso, y presenta dentro de una sola nación todo el espectro de teologías y prácticas posibles. Se extiende desde lo evangélico [*evangelical*] hasta lo liberal, pasando por lo conservador. Algunos visten aún los trajes tradicionales, y unos pocos siguen utilizando las formas arcaicas de los pronombres de segunda persona del singular [*thee*, *thou*]. Numerosas comunidades tienen pastores y coros y una forma fija de celebración religiosa, no muy diferente de la de otras confesiones protestantes reformadas [o sea, calvinistas o zuinglianas]. Muchos cuáqueros realizan trabajo misionero evangelizador en África o América Latina.

También hay muchos que aún celebran «reuniones para el culto» espontáneas, en las que la comunidad se reúne en silencio para adorar y esperar tranquilamente. El silencio puede ser roto por palabras pronunciadas ministerialmente por cualquiera de los presentes; no hay ningún ministro nombrado como tal. Se sostiene que eso de Dios (llamado a veces la luz interior) está en todas las personas y que cualquiera tiene acceso directo a Dios, por lo que no hace falta intermediario.

Yo pertenezco a este último estilo de cuaquerismo; de ahí que parezca apropiado decir algo más sobre él. La paz, la justicia, la reconciliación y el alivio del sufrimiento son desde hace mucho tiempo preocupaciones cuáqueras. También existen testimonios sobre la simplicidad (del estilo de vida) y la veracidad. Los cementerios cuáqueros son reconocibles por la sencillez y uniformidad de las lápidas, manifestación de nuestra creencia en que todos somos iguales a ojos de Dios. Por esta razón, tampoco utilizamos títulos y nos conocemos unos a otros por nuestro nombre y apellido: nada de señor o señora, ni de *sir* o *lady*, ni (siquiera) de profesor o profesora. Los momentos especiales, los días sagrados están mal vistos, puesto que se considera que lo sagrado no puede ni debe quedar confinado a determinadas ocasiones. Ahora nos hemos relajado un poco a este respecto y celebramos los cumpleaños, la Navidad, etc., pero somos conscientes de que incluso en nuestra vida diaria podemos descubrirnos de repente caminando sobre tierra sagrada o encontrar a Dios en otras personas.

Existen tres posibles clases de autoridad para un credo o confesión. Estas son: a) sus escrituras sagradas; b) su historia y tradición; y c) la revelación continua. El cuaquerismo se sale de lo común porque otorga el mayor peso a esta última fuente: la revelación continua de Dios y de sus designios para la comunidad. Damos a la Biblia menos importancia que otras confesiones cristianas, lo que ocasiona bastante confusión. Para nosotros, la verdadera piedra de toque radica en aquello que creemos que es la orientación o guía [*leading*] que Dios (a través de su Espíritu) nos ofrece en nuestra generación. Una gran parte de nuestra práctica persigue el correcto discernimiento de tales orientaciones, para evitar ser inducidos a error por obsesiones particulares de miembros elocuentes de la congregación. Tenemos una aquilatada tradición de someter orientaciones a examen en la comunidad por la propia comunidad. (También se da lo contrario, es decir, que la comunidad vea a un individuo como la persona idónea para desempeñar una tarea concreta. Inspirados comités de nombramientos han propuesto a personas para funciones que a estas jamás se les había ocurrido asumir). El énfasis en la revelación continua y en la experiencia de Dios en nuestras vidas hoy es importante para los científicos; enseguida regresaremos a esta cuestión.

2. Mujeres cuáqueras

Uno de los principios básicos del cuaquerismo es que el Espíritu Santo puede actuar y de hecho actúa a través de cualquiera, ya sea mujer, varón o niño. La igualdad de género se reconoce entre los cuáqueros desde hace generaciones (al menos en teoría). Las mujeres cuáqueras estamos acostumbradas a participar en la toma de decisiones y a ser escuchadas. En los debates ecuménicos me doy cuenta de que tengo mayor confianza a la hora de hablar que muchas mujeres pertenecientes a confesiones dominadas por varones. Dicho esto, es necesario reconocer que los cuáqueros estamos inevitablemente influidos por la sociedad en que vivimos, ¡y se constata que el comité de cáterin, el comité de la clase infantil y el grupo encargado de la atención pastoral están compuestos en su mayor parte por mujeres, mientras que el comité de economía y bienes inmuebles es predominantemente masculino! No obstante, el hecho de ser mujer cuáquera ha marcado, a buen seguro, mi actitud ante la vida. ¡Quienes me conocen mejor de lo que yo misma me conozco dicen que ello explica muchas cosas!

3. Experiencia y experimento

El énfasis puesto por el cuaquerismo en la revelación continua implica que nada está fijado, que nada es estático. Cada veinticinco o treinta años revisamos a fondo nuestros libros de fe y disciplina, afinamos la conciencia de quiénes somos, expresamos nuestra fe en el lenguaje actual y reformulamos las regulaciones procedimentales. («Cuáqueros en Gran Bretaña» hizo esto por última vez en 1994, y el libro resultante, *Quaker Faith and Practice* [Fe y praxis cuáquera], es recomendable para quienes quieran saber más sobre cuaquerismo. Otras agrupaciones cuáqueras cuentan con publicaciones análogas). No tenemos un credo que todos los miembros del grupo deban suscribir, en parte porque hemos visto que nuestra comprensión se transforma, en parte porque las palabras pueden cambiar de significado y significar cosas diferentes para personas diferentes, pero ante todo porque creemos que estamos tratando con algo que trasciende las palabras. Así y todo, existe un cuerpo definido de creencias cuáqueras, así como un cuerpo, aún más claramente definido, de actitudes y acciones que derivan de esas creencias. Una de las cosas que nos mantienen unidos es la conciencia de búsqueda e indagación, y cabe sostener que esto es lo que ha hecho y todavía hace a la Sociedad Religiosa de Amigos tan aceptable para tantos científicos. John Dalton (afamado por su modelo atómico), Arthur Stanley Eddington (astrofísico) y Kathleen Lonsdale (cristalógrafa) son algunos de los científicos cuáqueros más famosos. Hay otros vivos en la actualidad a los que no haré ruborizar mencionándolos aquí. El científico trabaja experimentando, anotando el resultado del experimento, reformulando su comprensión a la luz de ese resultado, diseñando experimentos adicionales y repitiendo el ciclo. De un modo análogo, los cuáqueros tienen experiencia de la acción de Dios en el mundo, revisan su comprensión a la luz de esa experiencia y ponderan qué es lo próximo que se requiere de ellos. De vez en cuando, los científicos encuentran callejones sin salida en su investigación y, para seguir avanzando, han de dar primero un paso atrás y acometer el problema desde un ángulo distinto. Los problemas se resuelven por lo general mediante aproximaciones desde varios ángulos; cada aproximación aporta algo, y a menudo la solución se revela como mayor que cualquier aproximación por separado. De modo análogo, a medida que crece nuestra comprensión de Dios, cabe apreciar que las experiencias de otras personas son complementarias a la nuestra, que nadie posee la verdad última y que esta desborda probablemente toda expresión literal. Tanto el científico como el creyente tienen que respetar el resultado del experimento o, equivalentemente, de la experiencia, sin intentar encajarlo a la fuerza en un molde familiar y cómodo, estando preparados, antes bien, para proceder a una revisión drástica, si eso es lo que piden los datos. Existen estrechos paralelismos en la forma en que trabajan una y otra disciplina.

4. La senda de una científica

De adolescente, buscaba pruebas de la existencia de Dios, pero no tardé en percatarme de que no encontraría ninguna. Así que opté por adoptar, como hipótesis de trabajo, la fe en Dios y partir de ella. Ahora, cuarenta años después, sigo vacilante, pero más segura que cuando era adolescente. La

mejor manera de describir mi senda o trayectoria es como
un proceso de comprensión progresiva antes que como un
proceso puntuado por acontecimientos que han revolucio-
nado mi pensamiento. El proceso ha avanzado a veces con
suavidad, otras apenas se ha movido; pero la experiencia me
ha convencido gradualmente de la existencia de Dios. Es
algo muy personal (idiosincrásico) y sin duda no convence-
rá a nadie más, pero me ha permitido modificar el equilibrio
de mi opinión. La experiencia primaria llega a través de la
reunión cuáquera para el culto. Pospongo la descripción de
tales reuniones porque revela otras muchas cosas. La otra
poderosa experiencia de aprendizaje es el resultado de que
los cuáqueros me hayan pedido hacer cosas para las cuales
no estaba segura de hallarme capacitada. Respetar la sabiduría de un grupo cuáquero de discernimiento forma parte
de la disciplina; así que no tuve más remedio que aceptar
lo que se me proponía, pero sin tener ni idea de cómo iba a
desempeñar esas tareas, todas ellas de carácter marcadamen-
te público. Devanarme los sesos, orar con perseverancia y
escuchar a mi propia sabiduría interior se tradujo en una sensación de estar siendo sostenida, ayudada y delicadamente
impulsada en ciertas direcciones. La lucha por expresar las
experiencias de nuevo y encontrar las palabras adecuadas
forma parte del crecimiento, ¡tanto ahora como antaño!

Ha habido asimismo épocas malas, desde luego. He conocido la muerte de seres queridos, la enfermedad, el divor-
cio, la decepción. También esas realidades propician experiencias de aprendizaje y, en lugar de apartarlas bruscamen-
te, hay que procesarlas y aprovecharlas. (Esta es una cuestión que abordé en mayor detalle en una conferencia y un
libro que los cuáqueros me pidieron que preparara, *Broken
for Life* [Rota en aras de la vida]). He tenido que desarrollar
técnicas para resistir, para perseverar allí. La reunión cuáquera para el culto facilita pocos apoyos y ha habido épocas

en las que no podía hacer más que asistir a la reunión cual «pasajera». Mi discipulado podía extenderse hasta ahí, pero no más allá. Probablemente todos tenemos épocas en la que necesitamos que otros comulguen por nosotros; ¡quizá justamente para eso existen las comunidades! Otro posible riesgo propio del cuaquerismo es el apresuramiento, el estrés, la falta de tiempo o de relajación para facilitar que uno se centre en el culto. La creciente competitividad, que actualmente parece ser el *ethos* en el Reino Unido, ¿nos dejará tan tensos y abrumados que esta falta de tiempo se convertirá en un problema? La práctica hace al maestro, suele decirse. Mi experiencia ha sido, sin duda, que cuanto más tiempo logro dedicar a la adoración silenciosa y la reflexión sobre asuntos espirituales, y cuanto mayor es la regularidad con que lo hago, tanta más profunda y fácilmente soy capaz de comprometerme. Trabajar el propio espíritu de esta manera procura una sensación real de serena alegría y un deseo de mayor compromiso.

Nuestras experiencias más íntimas las articulamos y explicamos en un marco de referencia y en un lenguaje. Los míos son en gran medida cristianos, porque fue en el cristianismo donde, por accidente de nacimiento, comenzó mi vida. Se trata además del cristianismo europeo occidental, porque esa fue la cultura en la que crecí. Una buena parte del lenguaje cristiano me chirría un poco, pero he aprendido que detrás de ese vocabulario peculiar se esconden profundas y valiosas verdades. Esto no quiere decir que acepte *toda* la tradición cristiana sin cuestionarla.

La sabiduría cuáquera tradicional incluye el consejo de estar abiertos a la luz nueva, venga de donde venga. Los cuáqueros tenemos una actitud abierta y respetuosa hacia otros credos: no somos agresivamente cristianos. Algunos de nosotros han considerado útil incluir elementos de otras grandes religiones en sus teologías personales. Yo, en cambio, me encuentro inmersa en el cristianismo, todavía excavando aquí, todavía tratando de sondear sus profundidades. ¡Intuyo que aquí tengo trabajo para más de una vida!

5. Fe racional

Las estructuras de fe son asunto de la cabeza tanto como del corazón e idealmente deberían satisfacer también a nuestro ser racional. Sin embargo, esta es un área en la que existe considerable peligro, causado por el deseo humano de tener un paquete de creencias compacto y definido, preferiblemente hermético. Esto quizá no sea posible. Y aunque lo fuera, el paquete tal vez no sea el que queríamos. ¿Estamos preparados para ello? ¿Existe un deseo de hacer que los datos confirmen nuestra imagen previa de Dios? Antes que forzar los datos, yo prefiero decir que desconozco las respuestas a una serie de preguntas. Ser capaz de decir: «No lo sé», requiere la habilidad de vivir con cuestiones irresueltas, que es una forma de madurez. Quizá porque estudio un cosmos dinámico con una incertidumbre inherente (a saber, el principio de incertidumbre de Heisenberg), me encuentro razonablemente cómoda con el cambio y la falta de certeza, con la necesidad de avanzar, de aceptar que uno no lo entiende todo.

Creo en un Dios que es (puede ser) poderoso y omnisciente, pero también bondadoso e indulgente. Tal combinación nos conduce sin demora al problema del sufrimiento. Hay una asombrosa variedad de «explicaciones» del sufrimiento, ninguna de las cuales me parece del todo lógica. (De nuevo, véase mi libro para detalles al respecto). Ello manifiesta, sin embargo, hasta qué punto queremos explicaciones. Me resisto a abandonar la idea de un Dios bondadoso, pero juego con la idea de que tal vez Dios no gobierne directamente el mundo, sino tan solo indirectamente, a través de los seres humanos.

6. Ciencia y fe

Existe, según se afirma, una tensión entre ciencia y religión. No tengo claro cuál es el problema, pero no cabe duda de que algunos creyentes sienten que esta es un área de dificultad. A la mayoría de los científicos esto no les interesa, seguramente porque piensan que la religión carece de importancia y no merece la pena preocuparse de ella. El que yo no haya abordado «el problema» se debe quizá a que mi confesión me permite trazar mis propias fronteras. No tengo que creer literalmente el relato de la creación en el Génesis (en ninguna de las dos versiones); no tengo que creer en un Dios creador; no tengo que creer en el pecado original ni en los milagros ni en tangibles resurrecciones de entre los muertos, etc. Nuestro enfoque es más bien: «Bueno, ¿qué es lo que puedes creer?». Es un enfoque relativamente libre de cargas. Tal vez sea también un tanto ligero.

El uso de imágenes conlleva un problema. Me sorprendió que un viceministro soviético nos dijera a una delegación de las Iglesias británicas: «Sabemos que Dios no existe. Hemos enviado satélites al espacio, y ni rastro de él». Yo no era consciente de que algunas personas se toman (o deciden tomarse) tan literalmente la imagen del «anciano en el cielo». Puede que sea necesario abordar problemas análogos en lo relativo a cómo se enseña religión a los niños. Ya de adultos, las personas descubren que el imaginario infantil que se les presentó en su día no es cierto al pie de la letra y entonces renuncian al lote entero por considerarlo falso.

Como astrónoma me parece que el universo ha evolucionado por sí mismo, sin la participación activa de Dios. Es verdad que hay una diminuta fracción de segundo cercana a la gran explosión (*Big Bang*) inicial que los científicos no pueden abordar, y hay quienes dicen que en esa diminuta fracción de segundo Dios «encendió la mecha». Este argumento es pobre porque a) se parece demasiado a la teología del «Dios tapagujeros», con sus obvias limitaciones; y b) huele a pensamiento desiderativo. Yo prefiero decir que no estoy segura de que Dios fuera el creador del universo en sentido literal, pese a lo cual no me cabe duda de que existe un Dios que es relevante para nosotros hoy, con independencia de lo que hizo o no hace quince mil millones de años.

La vida solo puede existir en el universo si los valores de una serie de constantes físicas se encuentran simultáneamente dentro de unas franjas estrechas. No parece haber razón alguna por la que todas las constantes deban adoptar esos valores particulares, y algunos argumentarán a partir de ahí que ha de existir, por tanto, un Dios que determinó esos valores con vistas a que el universo resultara hospitalario para la vida (tal como la conocemos). ¡Esto me suena a una teología que busca pruebas a la desesperada! No conocemos sino una pequeña fracción del universo y no tenemos garantía alguna de que las otras partes sean como esta. Por lo que sabemos, podrían existir versiones totalmente distintas.

El universo que ya conocemos es vasto, con un número inmenso de estrellas. Muchas de ellas serán estrellas como nuestro Sol, y algunas tendrán planetas habitables. ¿Estamos solos en el universo? ¿O existe (ha existido, existirá) vida en otros lugares? Mi teología debe tener en cuenta el hecho de que probablemente no seamos una excepción ni estemos solos (pero las posibilidades de que nos visitemos unos a otros es pequeña). Una se pregunta si también esos otros seres vivos necesitarán a Jesucristo.

Otro asunto que da que pensar atañe a la naturaleza de la esperanza y el futuro del universo. Aun cuando la humanidad evite la autodestrucción, las perspectivas son sombrías. El Sol, del que dependemos en gran medida para la vida, morirá algún día. La Tierra morirá con él. Quizá montemos en nuestras naves espaciales y nos traslademos a otro lugar, pero no hay escape a la larga. Parece que existen tres posibles escenarios para el futuro del universo (los cosmólogos no tienen aún claro cuál de ellos ocurrirá de hecho), y todos ellos son funestos para la vida. ¿Qué evangelio predicamos a la vista de esto?

7. Trabajo intelectual y trabajo cordial

¡Esto causa vértigo, pero resulta intelectualmente estimulante! Nos hace sentir que tenemos visión de conjunto, que adoptamos una perspectiva general y también que nos hallamos a una seductora distancia de la vida diaria. Pero ¿qué estamos pasando por alto? No somos los amos del universo. No somos omnipotentes. No tenemos (ni mucho menos) control sobre nuestras vidas. Concentrarnos en planes y objetivos es inherente a nuestras vidas, pero también algo equivocado si nos lleva a ignorar el aquí y ahora, el proceso de ser, el vivir fielmente.

En una sociedad que encomia el vigor y el éxito resulta tentador descartar todo pensamiento de debilidad y fracaso. Sin embargo, si negamos nuestras limitaciones, menoscabamos nuestro vivir; si las aceptamos, quizá nos convirtamos en sanadores heridos. Me he percatado del especial ministerio de los discapacitados, los lastimados, los heridos; he cobrado conciencia del poder latente en la impotencia, de la fuerza oculta en la vulnerabilidad. En cierto sentido, todos estamos discapacitados, lastimados y heridos, todos somos vulnerables e impotentes, y ello nos hace maravillosos.

8. En la reunión cuáquera para el culto

La reunión cuáquera para el culto a la que estoy habituada consiste en que la comunidad se congrega en silencio expectante y permanece abierta, a la espera fiel de los «impulsos de amor y verdad» que se consideran insinuaciones de Dios. No sucede siempre, pero en una reunión para el culto pueden darse momentos profundos en los que el ambiente deviene colectivamente hondo, recogido, sosegado. La presencia de Dios es sentida con tanta intensidad que la respiración se torna oración y adoración y comunión. En tales ocasiones, siento confianza en mí y me sé afirmada y empoderada. Puedo ser yo misma, puedo aceptarme, puedo dejar caer todas las máscaras. Me surge con naturalidad estar sosegada, pero desbordante a la vez de alabanza no verbal, reconocer a Dios como santo y como Señor (cualquiera que sea el significado de estas palabras; las palabras que realmente busco no están en mi vocabulario; de hecho, es posible que ni tan siquiera existan). Algunos de nosotros podemos experimentar esta misma sensación fuera de la reunión para el culto. Tiene algo de intemporal. También está la toma de conciencia de que preguntas que apenas una hora antes parecían muy importantes (por ejemplo, ¿es Dios el creador del universo?) se desvanecen por irrelevantes. Este presente, esta presencia es la realidad. Es el anhelo de esta sensación de comunión lo que me mantiene activa y lo que me sigue llevando a las reuniones cuáqueras.

Bibliografía

Burnell, S. Jocelyn Bell, *Broken for Life*, Quaker Home Service, London 1989.

Quaker Faith and Practice: The Book of Christian Discipline of the Religious Society of Friends (Quakers) in Britain, Britain Yearly Meeting, 1995.

3

Huellas en la nieve

LARRY DOSSEY

Los rastros de la vida de uno desaparecen rápidamente, como pisadas en la nieve. Y es bueno que así sea. De lo contrario, el paisaje humano estaría terriblemente abarrotado, y quienes vienen detrás de nosotros se verían inducidos a confusión por los serpenteos sin rumbo de quienes los han precedido.

La dificultad para percibir los rastros que vamos dejando imposibilita ensamblar los acontecimientos de nuestras vidas que nos han conducido a donde nos hallamos en la actualidad. De nuevo, esto no es tan malo; nuestras imperfectas memorias nos liberan del pasado y nos ayudan a centrarnos en el presente.

Me cuesta reflexionar sobre mi «trayectoria». La más mínima reflexión nos muestra que la trayectoria vital de uno rara vez es recta, orientada o eficiente. Hablar de «itinerario» personal es un tanto forzado, porque sugiere que desde el principio hemos sabido hacia dónde nos encaminábamos. Así, aunque describiré algunos de los hitos de mi trayectoria y las conclusiones a las que me han llevado, espero que tengas presente, querida lectora, querido lector, que no en todo momento he tenido conciencia clara de hacia dónde me encaminaba.

Mis opiniones espirituales actuales son en gran medida resultado de la colisión de ciencia y religión en mi vida. Estas terribles disputas me han causado inmensa infelicidad durante largos periodos, pero con el tiempo me han llevado felizmente a una profunda sensación de serenidad y paz. El gran mitólogo Joseph Campbell dijo que la sabiduría puede adquirirse por una doble vía: la revelación y el sufrimiento. Es posible experimentar una súbita epifanía –Saulo en camino hacia Damasco, Bernadette en la gruta de Lourdes, el Buda durante la meditación–, pero ello no ocurre tan a menudo como desearíamos. «No es bueno estar a la espera de momentos luminosos», escribió C. S. Lewis. En cambio, ¡las oportunidades para adquirir sabiduría a través del sufrimiento son abundantes!

Me crie en una cultura profundamente religiosa, en las praderas sembradas de algodón en la región central de Texas. Nos considerábamos habitantes no ya solo del llamado Cinturón Bíblico [*Bible Belt*, región meridional de Estados Unidos con una alta tasa de protestantes evangélicos (*evangelical*) conservadores], sino, por así decir, de la *hebilla* del Cinturón Bíblico. En mi infancia y juventud, el cristianismo fundamentalista fue mi alimento religioso, que, por supuesto, nunca cuestioné a la sazón. La Iglesia era la institución social alrededor de la cual giraba la sociedad rural, y yo fui atrapado por ella. Tenía don musical y toqué el piano para la Iglesia, para un cuarteto profesional de góspel y, ocasionalmente, para un ambulante y fogoso predicador de actos celebrados en carpas [lo que en Estados Unidos se conoce como *tent evangelist*].

Cuando era niño, pensaba que de mayor me haría pastor; pero cuando llegó el momento de ir a la universidad, opté por estudiar ciencias en la Universidad de Texas en Austin. Me enamoré de la biología, la química, la fisiología, la farmacología. Obtuve un grado en Farmacia e hice un curso preparatorio para entrar en la Facultad de Medicina.

Resulta difícil describir mi temprana fascinación por el empirismo. Fue como si áreas enteras de mi mente se abrieran por primera vez. Años más tarde tropecé con una descripción de estas experiencias que me pareció cargada de verdad. El filósofo de la religión Jacob Needleman, en su libro *A Sense of the Cosmos* [Conciencia del cosmos], describe las motivaciones y sentimientos de los primeros científicos[1]. En la gráfica metáfora que emplea, Needleman dice que estos acudieron al «muro de la verdad» en busca de una *confrontación no mediada con la realidad*. Lo hicieron en protesta contra la Iglesia, que en aquel entonces definía el mundo para todos. Esta motivación, afirma Needleman, es el antiguo impulso místico, el deseo de conocer personal e íntimamente lo absoluto, sin interferencia ni interpretación de nadie más. Aquí veía reflejado yo mi propio encuentro con la ciencia: un acontecimiento místico, transformador de la vida. Sin embargo, pronto empezaron a surgir enormes dificultades. La imagen científica del mundo que proponían los intelectuales era áridamente materialista. Aprendí que el mundo estaba, por así decir, en modo automático, bajo control de las llamadas leyes férreas de la naturaleza. En esta construcción no había sitio para valores o metas. Sostener que el mundo responde a una finalidad equivalía a traicionar a la ciencia y a la razón. Esta imagen era espartana e intransigente; abrazar cualquier otra opción se tenía por un indicio de estulticia.

En consecuencia, yo, como miles de jóvenes antes y después de mí, percibí que había dos maneras de ordenar la propia vida. Uno podía elegir, por un lado, ser racional, analítico, lógico y científico. O podía elegir, por otro, ser intuitivo, religioso, espiritual e intelectualmente temerario. Me parecía obvio que estos dos vectores psicológicos –la

---

1. Cf. J. Needleman, *A Sense of the Cosmos: The Encounter of Modern Science and Ancient Truth*, Doubleday & Company, Inc., Garden City (N.Y.) 1975, 166-170.

ciencia y «lo espiritual»– eran inherentemente incompatibles y no podían armonizarse.

Aunque hoy considero artificial esta disyuntiva, a la sazón me parecía válida e ineluctable. Sigue presente en las universidades y en otros centros de educación superior. Es literalmente esquizofrénica, porque crea una falsa división de la mente. Ha causado inmenso daño a millones de jóvenes brillantes en proceso de búsqueda, porque requiere una existencia bifurcada que es antinatural y se vive como profundamente errónea.

Cuando la religión y el materialismo cientificista chocan, por regla general la religión se lleva la peor parte. Tal fue mi experiencia. Dejé a un lado mis enseñanzas religiosas anteriores y me hice rigurosamente agnóstico. En aquel entonces confundí el entusiasmo de los científicos que eran profesores míos con la razón. Di por supuesto que su actitud hostil hacia los valores espirituales se basaba en una cuidosa evaluación de los hechos. Pasé por alto el hecho obvio –pero silenciado– de que la ciencia no dispone de un «dios-ómetro», de que todo lo que cuenta no puede ser contado, de que ciertas áreas de la existencia se encuentran, por principio, más allá de la ciencia y escapan a las disecciones del intelecto.

Así como a una buena comida le puede seguir una indigestión, las declaraciones enfáticas y presuntuosas de la ciencia en contra de la religión comenzaron a agriarse con el paso del tiempo. Me molestaban en especial las optimistas predicciones de algunos de los científicos más destacados de la época. Muchos de ellos creían que la ciencia «salvaría» de algún modo a la humanidad, rescatándola de la ilusión, la fantasía y las falsas creencias de toda clase. Aunque parecían saber *de qué* nos debía salvar la ciencia, nunca decían con claridad *para qué* iba a salvarnos. ¿Dónde estaban las pruebas de que el mundo sería un lugar más seguro, más sano, más pleno para vivir si todos terminábamos pensando como los materialistas cientificistas? Es cierto que a lo largo de la historia se han cometido maldades inefables en nombre de la religión, pero ¿qué tiene la ciencia para poner en lugar de esta? Si la ciencia consiguiera erradicar de la naturaleza humana el impulso religioso, muchas de las grandes obras del arte, la arquitectura y la música desaparecerían, pues brotaron de la hondura del sentimiento religioso. Hasta la ciencia nació de una motivación espiritual, del deseo de confrontarse con lo real de forma no mediada, como escribió Needleman.

Especialmente irritante me resultaba la insistencia de algunos de los científicos más importantes en que la ciencia debía ser moralmente neutra. Había titánicos debates sobre si los científicos tenían o no algún tipo de responsabilidad por la detonación de las bombas nucleares al final de la Segunda Guerra Mundial. Algunos afirmaban que su única responsabilidad consistía en investigar la naturaleza; cómo usaran los políticos sus hallazgos no era asunto suyo. Este argumento me chocó entonces, al igual que lo hace ahora, no solo como ética y moralmente perverso, sino también –elijo las palabras con sumo cuidado– como una auténtica locura. Recuerdo sentirme avergonzado al escuchar o leer este punto de vista. Para mí, una ciencia divorciada de las inquietudes humanas era un oxímoron. Poco a poco comencé a darme cuenta de que faltaba algo de vital importancia. La ciencia sola no era una panacea para la humanidad. A menos que fuera complementada por otra visión más elevada, su reclamación de lealtad resultaba hueca.

Hoy, treinta años después de mi primera exposición a estos asuntos, parece haber mayor oportunidad que nunca para que ciencia y espiritualidad se entretejan y sellen la paz. Algunos científicos ven aperturas para el libre albedrío, los valores, los fines e incluso el Todopoderoso. El campo de la física cuántica, en especial el principio de incertidumbre, les resulta particularmente atractivo a muchos de estos científicos. El razonamiento consiste en que el hecho de que el micromundo sea indeterminista ofrece una vía de acceso a la toma humana de decisiones y al libre albedrío. Otros ven implicaciones prometedoras en la teoría del caos y la dinámica no lineal: el orden puede emerger a partir del caos; el conocimiento de las condiciones iniciales, no importa cuán preciso sea, no permite predecir estados futuros; los «atractores extraños» implican, nos dicen, la existencia de una finalidad inherente en la naturaleza.

Por muy estimulantes que sean estos desarrollos, nunca he podido encontrar mucho consuelo filosófico y espiritual en ellos. La principal razón de esto radica en que *son* desarrollos. La «nueva» física es, para ser precisos, la física «más reciente», que será superada por otra física aún «más nueva». *Aflorará* una nueva ciencia. Basar las opiniones espirituales de uno en las arenas movedizas de la ciencia parece en extremo precario, no importa cuán tentador resulte hacerlo.

Excepto en un sentido. Existen límites al conocimiento dentro de la ciencia. Como mostró el lógico Kurt Gödel, tales limitaciones son profundas y parecen por completo fundamentales[2]. Las implicaciones para el diálogo entre ciencia y religión son asombrosas. Tal y como lo formula el filósofo Ken Wilber en su libro *Cuestiones cuánticas: Escritos místicos de los físicos más famosos del mundo*:

> «Mientras que la física clásica era teóricamente *hostil* a la religión, la física moderna es simplemente indiferente a ella: deja muchas lagunas teóricas en el universo, que puedes

---

2. Cf. L. Dossey, «Gödel's Theorem», in *Space, Time & Medicine*, Shambhala, Boston 1982, 192-198.

rellenar (o no) con sustancia religiosa; pero si así lo haces, debe ser por razones filosóficas o religiosas. La física no te ayuda en lo más mínimo, pero no se opone ya a tus esfuerzos... La física no apoya la mística, pero ya no la niega... Esta opinión... es probablemente la conclusión más rotunda y revolucionaria en relación con la religión propuesta "oficialmente" por la ciencia teórica en toda la historia. Se trata de un monumental y trascendental punto de inflexión en la actitud de la ciencia hacia la religión; parece sumamente improbable que vaya a ser revertido alguna vez, puesto que es de naturaleza lógica, no empírica (dicho de otra forma: *a priori*, no *a posteriori*); por lo tanto, es del todo probable que ponga punto y final al aspecto más persistente del secular debate entre las ciencias físicas y la religión (o las ciencias del espíritu). ¿Qué más cabría pedir?»[3].

Suscribo con entusiasmo esta opinión. Las indagaciones de la ciencia se extienden solo hasta un punto determinado; sin embargo, nuestra intuición nos dice que hay más. ¿Qué se encuentra más allá? La ciencia no puede decírnoslo. Lo absoluto es *trans*-ciencia, como lo formula el eminente físico indio D. S. Kothari[4]. La ciencia abre una puerta a través de la cual podemos (o no) vislumbrar lo absoluto. Nos ofrece una vislumbre, nunca una imagen completa y definitiva. Es como si nuestros instrumentos científicos fueran demasiado frágiles para soportar la abrasadora luz de lo real. Un dicho sufí afirma: «Ningún hombre que haya visto a Dios puede seguir vivo», ni siquiera, cabe presumir, los científicos. La

---

3. K. WILBER, *Quantum Questions: Mystical Writings of the World's Great Physicists*, Shambhala, Boston 1984, 169-170 [trad. esp.: *Cuestiones cuánticas: Escritos místicos de los físicos más famosos del mundo*, Kairós, Barcelona 2009].
4. Cf. D. S. KOTHARI, «Atom and Self» (The Mehnad Saha Medal Lecture 1978): *Proceedings of the Indian National Academy of Science*, Part A, Physical Science, 46/1 (1980), 1-28.

práctica de la medicina me ha ofrecido una perspectiva singular sobre las limitaciones de la ciencia. De hecho, la medicina clínica es un buen antídoto para el orgullo desmedido y la arrogancia que a menudo infectan la ciencia. Como dijo el difunto médico Lewis Thomas, director de investigación del instituto oncológico Sloan-Kettering, el descubrimiento más importante del siglo XX es la ignorancia humana[5]. Como médico, he visto aparecer y desaparecer numerosas terapias, todas ellas proclamadas, al presentarlas por primera vez, como el tratamiento definitivo. Además, la historia de la medicina está repleta de una variedad de teorías sobre la causa de las enfermedades, todas las cuales fueron fervorosamente tenidas en su día por la palabra concluyente.

Pero uno puede poner excesivo énfasis en las limitaciones de la ciencia. Estoy convencido de que la ciencia empírica tiene mucho que contribuir al bienestar de la especie humana y de que el método científico sigue siendo una manera valiosa de protegerse frente a ciertas formas de autoengaño.

Aunque nos ofrece modos provechosos de *conocer*, la ciencia no ha sido de gran ayuda para enseñarnos modos de *ser*. Se ha revelado prácticamente inútil como método para el perfeccionamiento del carácter, incluido el de quienes la practican. No conozco prueba alguna de que los científicos sean moral o éticamente superiores a las personas que no saben nada de ciencia. Como guía para la conducta humana, la ciencia nos ofrece, por lo general, una pobre cosecha.

Me disgusta que los médicos, al igual que los científicos en general, no siempre nos hayamos comportado admirablemente. Valga un botón como muestra: cuando Ignaz Philipp Semmelweis propuso en Viena a mitad del siglo XIX que

5. Cf. L. THOMAS, *The Medusa and the Snail*, Bantam, New York 1983 (cit. en *Noetic Sciences Review* [otoño de 1994, nro. 31], 48).

los médicos se lavaran las manos antes de atender un parto, fue vilipendiado por sus compañeros de profesión. El escepticismo de estos era comprensible: a la sazón nadie había visto una bacteria. Exigieron pruebas, que no tardaron en llegar. Con el lavado de las manos, Semmelweis redujo la tasa de mortalidad de las mujeres tras el parto en un 1 000 %. A despecho de estos datos, siguió siendo ridiculizado. Se mudó de Viena a Budapest, donde terminó perdiendo la cabeza a causa del continuo hostigamiento. Este bochornoso episodio pone de manifiesto que los científicos somos primero humanos y después científicos. Aunque nos gusta asegurar que habitamos elevados terrenos morales, resulta difícil respaldar históricamente tal pretensión. A menos que la ciencia consiga aducir pruebas de ello, no se ve cómo su autodesignación como referencia obligada en el ordenamiento de las sociedades humanas puede ser tomada en serio.

Acontecimientos como este, demasiado habituales en la historia de la ciencia, reflejan una de mis desilusiones personales en el curso de los años: la tendencia de algunos científicos a rechazar innovaciones en ciertas áreas sin una consideración ponderada o incluso sin consideración alguna. Los científicos, al igual que cualquier otra persona, podemos enamorarnos del *statu quo* hasta el punto de oponernos al cambio y defender ciegamente las teorías aceptadas en nuestra época. Los historiadores han descrito el problema del «descubrimiento prematuro» en ciencia: desarrollos tan disonantes con el pensamiento establecido en un momento dado que no encajan y son apartados.

El conservadurismo en ciencia es útil para un fin valioso: evita oscilaciones extremas del péndulo. Pero puede resultar patológico y obstruir el progreso. Quizá el más dramático ejemplo actual se da en el ámbito de la investigación sobre la conciencia. Los descubrimientos de las dos últimas décadas han arrojado nueva luz sobre la naturaleza de la conciencia y su relación con el cerebro y el cuerpo materiales. Estos desarrollos me han confirmado en una visión del mundo inherentemente espiritual y han contribuido enormemente a mi paz mental. La investigación sobre la conciencia es un escenario potencial para que la ciencia y la religión converjan por fin en armonía. Si se permite que estos desarrollos prosigan, conoceremos una visión de la vida, la conciencia y la naturaleza tan gloriosa como cualquiera de las que hayan podido surgir en las distintas grandes religiones.

En la actualidad, casi todos los científicos suscriben una visión de la conciencia en la que la mente es identificada con los procesos electroquímicos del cerebro. Esta visión materialista de la conciencia es deprimente y constituye uno de los principales obstáculos para un diálogo con sentido entre ciencia y religión. Lleva a la conclusión de que la muerte tiene carácter definitivo, las ideas de alma son ilusorias y la experiencia de «lo espiritual» no es más que el resultado del comportamiento de los átomos en el cerebro.

Un imponente conjunto de pruebas sugiere que esta visión es sencillamente falsa. Las acciones de la conciencia no se pueden explicar asignándolas tan solo a procesos cerebrales. En síntesis, la evidencia proporcionada por la investigación sobre la conciencia indica que esta puede hacer cosas que los cerebros no pueden. El cerebro es un fenómeno «local», una entidad física confinada a puntos específicos en el espacio y el tiempo. No basta para dar razón de los hallazgos de muchísimos investigadores en laboratorios del mundo entero en el sentido de que la conciencia puede manifestarse de manera *no local*, a grandes distancias del cerebro, sin mediación de ninguna forma conocida de energía convencional. Estudios cuidadosamente controlados demuestran la existencia de diversas formas de cognición anómala, a las que antaño se conocía como telepatía, clarividencia y precognición.

3. HUELLAS EN LA NIEVE

He tenido la suerte de haber experimentado personalmente muchos de tales fenómenos; en consecuencia, mi actitud hacia ellos descansa sobre el doble pilar de la experiencia personal y del hecho científicamente demostrable. Estos sucesos muestran que la conciencia no puede ser confinada a puntos específicos en el espacio, tales como el cerebro o el cuerpo, o en el tiempo, tales como el momento presente. Las implicaciones de que la mente tenga un aspecto no local son asombrosas. «No local» no sugiere «bastante grande» ni «un tiempo muy largo». La no localidad implica infinitud en el espacio y en el tiempo, porque una *no localidad limitada* es una contradicción en los términos. Así pues, si algún aspecto de la mente es genuinamente no local, como sugiere la evidencia empírica, llegamos a una conclusión sorprendente: algún aspecto de nuestra conciencia es infinito en el espacio y en el tiempo y, por ende, eterno e inmortal.

Esos hallazgos tienen también implicaciones sorprendentes para nuestra relación con lo absoluto: Dios, Diosa, Alá, el Universo, cualquiera que sea el nombre que se le dé a lo supremo. La infinitud en el espacio (omnipresencia) y en el tiempo (eternidad) son propiedades que siempre se han atribuido a lo absoluto. Tales rasgos pertenecen, entonces, *tanto* a los hombres *como* a lo absoluto. Parece que compartimos algunas cualidades con lo divino, denominado por muchas tradiciones espirituales «el Dios interior».

La ciencia empírica nos ofrece, pues, pruebas indirectas de la existencia del alma: un aspecto no local de la conciencia que es infinito en el espacio y el tiempo e inmortal, no está confinado al cerebro y es *más* que el cerebro y el cuerpo físicos.

No deberíamos subestimar la relevancia de estos hallazgos. Siempre se ha dicho que la creencia en el alma es irracional y que no existen pruebas de ella. Hoy nos encontramos en un momento trascendental en la historia humana, ya que por primera vez está apareciendo en laboratorios del mundo entero evidencia indirecta del alma, un aspecto no local de la conciencia[6].

No deberíamos pasar por alto la ironía latente en estas observaciones. La ciencia, el enemigo perenne de la religión y la espiritualidad, parece estar disparándose al pie en la medida en que aporta pruebas de que muchos de los conceptos a los que se ha opuesto, tales como el concepto de alma, podrían ser de hecho verdaderos.

La visión no local de la conciencia no solo nos conecta con lo absoluto; también nos une entre nosotros. Para mí ha sido un gran consuelo descubrir que algunos de los mayores científicos del siglo XX han llegado a esta misma idea. El primer Nobel de Física Erwin Schrödinger, por ejemplo, habló de la «mente única», la unidad de conciencia que entraña una mente no local y no conoce fronteras. Según Schrödinger:

> «Existe obviamente una sola alternativa, a saber, la unificación de mentes o conciencias. La multiplicidad de mentes es solo una apariencia; en realidad, existe una única mente... En todo el mundo no hay ningún marco de referencia dentro del cual podamos encontrar conciencia en plural... La mente, por su propia naturaleza, es un *singulare tantum*. Debería decir: el número global de mentes es justamente una»[7].

Una manifestación no local de la mente me resulta especialmente interesante: la oración de intercesión, «a distancia». Las pruebas de los efectos positivos obrados a distancia por la intencionalidad empática, a menudo llamada «oración» por quienes

---

6. Para una introducción al concepto de no localidad en la física moderna y para la relevancia potencial de esta idea de conciencia, remito al lector a los siguientes libros: N. HERBERT, *Quantum Reality*, Dutton, New York 1986; ÍD., *Elemental Mind*, Dutton, New York 1993.
7. E. SCHRÖDINGER, *What Is Life?* y *Mind and Matter*, Cambridge University Press, London 1969, 31-34 y 139 [trad. esp.: *¿Qué es la vida?*, Tusquets, Barcelona 2015; *Mente y materia*, Tusquets, Barcelona 2016].

la practican, son abundantes. Algunos de los experimentos en esta área son minuciosamente precisos. Estudian los efectos de la «oración a distancia» no solo en los seres humanos, sino en organismos inferiores, semillas y plantas, lo que impide en principio atribuir estos efectos al pensamiento positivo, la sugestión, las expectativas o las respuestas tipo placebo.

Creo que las pruebas a favor de la oración de intercesión pueden catalizar una tregua entre la ciencia y la religión. Estas pruebas pueden posibilitar también una mayor tolerancia entre las religiones del mundo, algo que necesitamos urgentemente. Esto se debe a que los experimentos sobre la oración muestran que las oraciones de todas las religiones son eficaces. En consecuencia, ninguna religión puede reclamar para sí el monopolio de la oración. Así pues, la ciencia universaliza y democratiza la oración y es, por tanto, un enemigo de la estrechez de miras y la intolerancia. Esta es, a mi juicio, una de las mayores contribuciones que la ciencia puede hacer al bienestar humano[8].

---

8. Para echar un vistazo al papel de la oración en medicina y para una revisión de las pruebas disponibles en esta área, se recomiendan las siguientes fuentes: D. BENOR, *Healing Research* I, Helix Verlag, Munich 1993; L. DOSSEY, *Healing Words: The Power of Prayer and the Practice of Medicine*, HarperSanFrancisco, San Francisco 1993; ÍD., *Prayer Is Good Medicine*, HarperSanFrancisco, San Francisco 1996; ÍD., *Be Careful What You Pray For ... You Just Might Get It*, Harper San Francisco, San Francisco 1997; ÍD., «The Return of Prayer»: *Alternative Therapies in Health and Medicine* 3/6 (1997), 10ss; D. B. LARSON y M. A. GREENWOLD MILANO, «Are Religion and Spirituality Clinically Relevant in Health Care?»: *Mind/Body Medicine* 1/3 (1995), 147-157; J. S. LEVIN, D. B. LARSON y C. M. PUCHALSKI, «Religion and Spirituality in Medicine: Research and Education»: *Journal of the American Medical Association* 278/9 (1997), 792; J. S. LEVIN, «How Prayer Heals: A Theoretical Model»: *Alternative Therapies in Health and Medicine* 2/1 (1996), 66-73; E. TARG, «Evaluating Distant Healing: A Research Review»: *Alternative Therapies in Health and Medicine* 2/1 (1996), 74-78.

Me animan los intentos actuales en la ciencia para explicar las manifestaciones no locales de la conciencia. Brian Josephson, premio Nobel de Física, propone que los desarrollos de la física moderna en el área de la no localidad terminarán explicando las manifestaciones no locales de la conciencia[9]. Las partículas subatómicas se comportan de manera no local, y lo mismo puede afirmarse de las mentes; pero ignoramos por completo si la no localidad en el nivel subatómico tiene algo que ver con la no localidad en el nivel de la conciencia. Sin embargo, el hecho de que los físicos hayan observado acontecimientos no locales en experimentos de laboratorio debería otorgar una suerte de licencia para investigar si estos acontecimientos *pueden* estar relacionados de algún modo con las expresiones no locales de la mente.

Creo que serán necesarios modos radicalmente nuevos de concebir la conciencia, quizá según las líneas propuestas por el matemático y filósofo David J. Chalmers. Este sugiere que la conciencia es un rasgo fundamental e irreductible de la naturaleza, quizá en pie de igualdad con la materia y la energía[10]. ¿Llegaremos a conocer alguna vez cómo se manifiesta no localmente la conciencia? La ausencia de un modelo explicativo no debería impedirnos aceptar los datos que resultan de la investigación sobre la conciencia. En ciencias y medicina a menudo sabemos que algo acontece antes de que entendamos cómo.

El filósofo Eugene Mills cuenta que *sir* Isaac Newton, cuando invocó la gravedad, esa «misteriosa fuerza», fue atacado por sus contemporáneos por haberse entregado a la

9. Cf. B. Josephson y F. Pallikara-Viras, «Biological Utilization of Quantum Nonlocality»: *Foundations of Physics* 21 (1991), 197-207.
10. Cf. D. J. Chalmers, «The Puzzle of Conscious Experience»: *Scientific American* 273/6 (1995), 80-86 [trad. esp.: «El problema de la conciencia»: *Investigación y ciencia* 233 (febrero de 1996), 60-67].

mística. Censuraban su incapacidad para explicar por qué los cuerpos físicos se comportaban en conformidad con sus leyes o cómo cuerpos distantes entre sí pueden actuar, no obstante, unos sobre otros. Esta clase de preocupación ya no nos inquieta, afirma Mills, pero no porque hayamos respondido ya a todas las preguntas[11]. Nuestra actitud fundamental ha cambiado. Y así puede ocurrir también con la idea de una mente no local. Es posible que un día la naturaleza no local de la mente parezca tan natural que cesaremos sin más de forcejear con ella. Esto nos trae a la mente un antiguo dicho: los físicos nunca comprenden realmente una teoría nueva; solo se acostumbran a ella.

Echando la vista atrás, creo que el materialismo es una de las fuerzas más poderosas que jamás se ha apoderado de la mente humana. Puede resultar literalmente cautivador y arrinconar cualquier otro punto de vista rival. Se cuenta que el astrónomo Kepler, tras haber sido infeliz en su primer matrimonio, decidió elegir a su segunda mujer según principios científicos. Hizo una lista de todas sus conocidas y fue tachando nombres hasta quedarse solo con once. Luego analizó a estas once, anotando en columnas paralelas sus méritos y defectos. Cuando concluyó estas tabulaciones, se casó con la dama cuyos datos reflejaban el mayor predominio de los méritos sobre los defectos. Pero, ¡ay!, este matrimonio sufrió el mismo destino que el primero, y Kepler declaró el problema insoluble para la razón humana.

Es posible que esta historia sea apócrifa, pero resulta indudable que la visión materialista puede sofocar el espíritu humano. Darwin, en su autobiografía, lamentó que su mente «parece haberse convertido en una suerte de máquina para

---

11. Cf. E. MILLS, «Giving Up on the Hard Problem»: *Journal of Consciousness Studies* 3/1 (1996), 26-32.

extraer leyes generales a partir de grandes colecciones de hechos». Su solución: «Si volviera a vivir, me impondría como norma leer algo de poesía y escuchar algo de música al menos una vez a la semana... La pérdida de estos placeres es una pérdida de felicidad y posiblemente sea perjudicial para el intelecto y, con mayor probabilidad aún, para el carácter moral, en tanto en cuanto debilita la parte emocional de nuestra naturaleza»[12]. Estoy de acuerdo con Darwin en que la ciencia puede exprimir la vida y dejarla sin jugo. Por eso llevo conmigo un pequeño volumen de poesía de Walt Whitman dondequiera que voy. Ha sido mi compañero de viajes durante años. Cuando estoy fuera de casa, comienzo el día abriendo el librito al azar y leyendo el primer pasaje en el que reparan mis ojos. La «selección» suele ser asombrosamente apropiada para la tarea que me aguarda. Además, he aprendido a hacer sitio para una constante relación con la naturaleza. Mi mujer y yo vivimos en la ladera de una montaña con coyotes y ciervos en un entorno inmensamente bello en el norte de Nuevo México. Tengo la sensación de que estas influencias me han ayudado a protegerme de las constricciones del intelecto que describió Darwin.

Mi mujer ha sido una presencia sustentadora y fundante durante toda mi vida. Mi itinerario espiritual ha sido suavizado por su apoyo. Los pasos que he dado siempre han sido con ella; hemos dejado nuestras huellas juntos.

El dalái lama dice: «Mi religión es simple. Mi religión es la amabilidad». Esto expresa mi actitud actual hacia la religión, un enfoque minimalista por lo que concierne a las formas exteriores. Prefiero que mi religión carezca de adornos, sea un misterio irresuelto, un lugar no marcado en

12. *The Autobiography of Charles Darwin* [trad. esp.: *Autobiografía*, Laetoli, Pamplona 2009], cit. en *Healing Arts* 2/1 (1996), 31.

el mapa. De ahí que no pertenezca a ninguna organización religiosa en concreto. No abogo por este enfoque; sencillamente refleja mi itinerario singular, que no se parecerá al de ninguna otra persona. Para mí, la tarea consiste en escuchar los mensajes que mi sangre me susurra, como dice Hermann Hesse, durante la meditación, la oración y la contemplación. Aunque a la mayoría de las personas este enfoque espartano probablemente les resultará insatisfactorio, para mí es una caudalosa fuente de energía.

Aceptar los grandes enigmas y vivir con incertidumbre son actitudes importantes para mí. En este sentido, Joseph Campbell dijo que debemos desprendernos de la vida que hemos planificado para tener la vida que nos está aguardando. Esto puede aplicarse asimismo a nuestra vida religiosa. Si la llenamos, ¿qué más puede entrar? Se me antojan verdaderas las palabras del Maestro Eckhart: «Cuando alguien percibe algo en Dios y le asigna así un nombre a este, eso no es Dios. Dios es... inefable... La naturaleza de Dios es no tener naturaleza».

El vacío que Eckhart vio es un espacio sagrado. Por supuesto, no está ni mucho menos vacío. Al igual que el vacío que estudian los físicos, es allí donde está la acción.

La leyenda del Santo Grial, afirma Campbell, es la leyenda que más ha influido en la mente occidental. En la versión de Campbell, los caballeros del rey Arturo se reunieron en torno a la mesa para celebrar un banquete, pero el rey no quería permitir que este empezara hasta que hubiese ocurrido un acontecimiento auspicioso. De repente apareció el Grial, flotando sobre la mesa, pero estaba cubierto con alguna tela y no podía verse del todo. Luego desapareció. Gawain, el sobrino de Arturo, propuso que los caballeros salieran en busca del Grial para verlo enteramente. Los caballeros asintieron, pero se dieron cuenta de que no sería adecuado ir en grupo. Por consiguiente, decidieron partir uno a uno, internándose en lo más oscuro del bosque, allí donde no había luz ni sendero ni guía.

Si algún lector se siente tentado a seguir paso por paso la senda de uno u otro de los autores de este libro, como si fuera una fórmula, más vale que se olvide de tal inclinación. No se trata únicamente de que cada cual tenga su propia senda; como nos dicen los grandes mitos, hemos de iniciar nuestro periplo a solas. Ello no significa que no debamos escuchar sabios consejos antes de emprender la marcha, ni que vayamos a caminar todo el tiempo en solitario. Una vez que hemos entrado en el bosque, es posible que aparezcan guías sabios; además, a menudo nos encontramos con compañeros de viaje, y también ocurren milagros. Pero la decisión de partir, de ponernos en marcha, es un acto de valor, y nadie puede tomarla por nosotros.

Ojalá nos encontremos por el camino.

4

Comprender la ciencia
desde una perspectiva de fe

OWEN GINGERICH

«Es llamativo –me comentó recientemente un experimentado historiador de la ciencia– el número tan elevado de estudiantes nuestros que proceden de ambientes religiosos más
bien conservadores».

La aceptación de la ciencia y de las afirmaciones realizadas en su nombre ha planteado sin duda un reto a varias
generaciones de jóvenes intelectuales en ciernes cuyas raíces fueron alimentadas por comunidades religiosas que no
habían procesado la crítica histórica [*higher criticism*] del
último siglo y medio ni las periódicas agitaciones científicas
desde Copérnico. Para muchos de nosotros, el largo proceso
histórico de la Revolución Científica y la Ilustración se ha
repetido en el tiempo real del siglo XX en nuestros propios
entornos eclesiales.

La revolución copernicana tiene ahora cuatro siglos de
antigüedad, y sería de hecho asombroso encontrar una iglesia o sinagoga que enseñe una cosmología con una Tierra
inmóvil en el centro rodeada por esferas planetarias cris-
talinas. Pero seguro que hay catequistas que, como puedo
dar fe por experiencia personal, todavía coinciden con Isaac
Newton en que Adán vivió hace seis mil años; y también hay
muchos que aceptarían las ideas del protegido y sucesor de
Newton, William Whiston, quien argüía que los principales

rasgos geológicos de la Tierra fueron excavados por el diluvio al que sobrevivió Noé.

Como joven estudiante de un grado en Química en un pequeño centro de enseñanza superior o *college* menonita en el Medio Oeste estadounidense, pasaba a diario por delante de los dos bustos que decoraban la entrada del edificio de ciencias: los de Isaac Newton y Louis Agassiz. Podía entender la elección de Isaac Newton, el preeminente físico y uno de los tres mayores matemáticos de toda la historia. Pero ¿por qué el paleontólogo suizo Louis Agassiz? Hasta varios años después, cuando empecé a leer más intensamente historia de la ciencia, no descubrí que Agassiz fue un elocuente opositor de la teoría de la evolución de Darwin, una teoría que en nuestro *college* no merecía sino el silencio más absoluto.

En la actualidad, el paisaje de la historia de la ciencia está salpicado de estudiosos que tratan de encontrar la forma adecuada de relacionarse con sus entornos religiosos tempranos. El perspicaz relato *The Creationists* de Ronald Numbers nace en parte de las tensiones ocasionadas por su educación entre los adventistas del Séptimo Día. Las investigaciones de James Moore, que han demostrado que la resistencia a las ideas de Darwin atraviesa la divisoria entre creyentes y materialistas, fueron motivadas por sus raíces evangélicas [*evangelical*]. Mis propios estudios sobre Kepler y las revoluciones copernicanas estuvieron espoleados por la curiosidad por la idea de creación y por la naturaleza de la ciencia que nació de afirmaciones en sentido contrario leídas en algunos de los libros que había en las estanterías del Goshen College.

Con todo, siempre me he sentido en extremo agradecido por el secular legado anabaptista que forma parte de mí y por haber estudiado artes liberales en un centro de enseñanza confesional, así como por el nutricio ambiente cristiano de mi casa paterna. Desde este trampolín he ido trazando mi camino en la astronomía y la historia de la ciencia, con el deseo cada vez más apasionado de entender cómo llega la ciencia a sus pretensiones de veneración y credibilidad.

Mi fascinación con la astronomía nació antes de lo que yo mismo recuerdo. En una noche sofocante, con la temperatura en el interior de la casa todavía por encima de los 35°, mi madre sacó unos catres al patio trasero.

«¿Qué son esos puntos en el cielo?», me cuentan que yo, a mis cinco años, pregunté.

«Son estrellas, cielo. Las has visto a menudo».

«¡Pero no sabía que se quedaban ahí arriba toda la noche!»

Una vez suscitado el interés por las estrellas, mi padre hizo cuanto pudo para alentarlo. Era un hombre realmente extraordinario; todos sus bisabuelos habían sido obispos *amish*. Primogénito de un granjero de Iowa, fue el único de cinco hermanos que hizo la secundaria, y luego continuó estudiando hasta doctorarse en Historia Cultural de Estados Unidos con una tesis sobre los menonitas en Iowa. En la época en la que durante los fines de semana trabajaba en su tesis en la Universidad de Iowa, de vez en cuando volvía a casa con un libro de astronomía para mí. En aquellos tiempos de la Gran Depresión, esos eran lujos preciados, algo que él apenas podía permitirse, quizá muestras de penitencia por sus frecuentes ausencias por motivos académicos.

Mi padre encontró tiempo para ayudarme a construir un telescopio con un largo tubo postal, una lupa de baratillo y una lente sacada de una caja de puros llena de lentes oculares de desecho que nos había prestado un optometrista del pueblo. Aún recuerdo cuánto me admiró que mi padre supiera probar las distancias focales de las lentes para elegir justo la adecuada. ¡Con cuánto orgullo le mostré a nuestro maestro de quinto grado los anillos de Saturno! Algunos años después, volví a quedarme impresionado cuando adaptó el telescopio a una cámara con teleobjetivo para fotografiar un eclipse solar parcial.

Cuando los intereses académicos de mi padre lo alejaron aún más de sus raíces rurales, su lealtad al legado menonita siguió teniendo vital importancia para él. En un artículo sobre la amenaza que representaba la propaganda y sobre cómo hacerle frente, publicado en la revista *Mennonite Quarterly Review*, advertía contra las arengas de Gerald Winrod, cuyo ministerio incitador al odio estaba concitando cierto interés entre los menonitas más ingenuos. Mi padre me contó que Winrod amenazó con poner una demanda si la revista se negaba a retractarse; pero, llegado el momento, los editores se mantuvieron firmes. (Al cabo de dos décadas, mi padre se convirtió en el director editorial de la MQR). Entretanto, las charlas públicas de mi padre en defensa del pacifismo cristiano, así como su crítica de la propaganda antisemita, le granjearon escasa simpatía de los WASP [protestantes blancos anglosajones, por su sigla en inglés] superpatriotas que formaban el consejo escolar de la pequeña ciudad republicana en la que él daba clases. No le renovaron el contrato; pero cuando mi madre sufrió una crisis nerviosa, el consejo generosamente echó marcha atrás diciendo que mi padre, con el título de doctor, estaba sobrecualificado para la tarea que desempeñaba y que tan solo habían tratado de aguijonearle para que buscara un puesto más apropiado. Un año más tarde, de manera inesperada, recibió una llamada de un *college* menonita en Kansas para ocupar un puesto de profesor ayudante de Historia.

Llevábamos solo tres meses en Kansas cuando los japoneses lanzaron su ataque sobre Pearl Harbour. «Esto va a durar», anuncié a mis compañeros de sexto grado, haciéndome eco, sin duda, de opiniones que había escuchado en casa. El fervor patriótico se extendió por el municipio y las escuelas. Había campañas de recogida de restos de metales, caucho, etc. (*scrap drives*), y campañas de bonos de guerra (*war bond drives*), así como frecuentes reuniones para cantar canciones militares. También los menonitas, a pesar de su secular legado pacifista, estaban divididos. Algunos varones jóvenes, influidos por amigos del instituto, optaron por alistarse al servicio militar como no combatientes, mientras que otros fueron eventualmente enviados a campos de trabajo no remunerado como objetores de conciencia por motivos religiosos. En un esfuerzo por ofrecer un entorno propicio a los valores menonitas tradicionales, se organizó a toda prisa una academia de enseñanza secundaria en el campus universitario en el que residíamos. En la decisión más difícil de mi vida, opté por no matricularme en esa academia y continuar en el instituto, donde podía estudiar latín, química y física. Seguir un camino propio conlleva momentos desagradables, por lo que decidí acortar los plazos realizando un curso de verano por correspondencia, de suerte que tuviera créditos suficientes para matricularme en la universidad un año antes. La disciplina para estudiar las asignaturas de aquel curso en los sitios más insospechados me ha acompañado el resto de mi vida, y todavía hoy incluso las habitaciones de hotel y las bibliotecas desconocidas me resultan lugares agradables para escribir textos como el presente.

Entretanto, la guerra terminó por fin y a los jóvenes granjeros menonitas se les presentó una maravillosa oportunidad. La recién creada Agencia de las Naciones Unidas para el Socorro y la Rehabilitación (UNRRA, por su sigla en inglés) puso en marcha un programa para enviar caballos a la Europa desgarrada por la guerra, y necesitaba vaqueros para acompañar las remesas. Yo no era granjero, como tampoco lo eran muchos de los jóvenes que mi padre reclutó para formar una cuadrilla de treinta y dos potenciales peones. En cualquier caso, en 1946 unos treinta de nosotros servimos como vaqueros en medio del océano a bordo del *Stephen R. Mallory*, un buque clase Liberty reconvertido que transportó cerca de ochocientos caballos desde Newport News a una devastada Polonia. Cincuenta años después nos reunimos para recordar la experiencia. Ahora ya todos éramos, cómo no, ancianos, pero en el momento de la travesía al menos la mitad de nosotros teníamos dieciséis o diecisiete años. Echando la vista atrás a aquellos años de la primera posguerra, nos preguntamos qué había inducido a nuestros padres a permitir que una panda formada en su mayor parte por adolescentes se embarcara en aventura tan extraordinaria. La respuesta parecía clara: fue la confianza en mi padre, quien había agenciado para la comunidad una oportunidad extraordinaria de viaje, había organizado la cuadrilla y además iba a acompañarnos como supervisor de la UNRRA.

Para mí, el viaje fue una reveladora exposición a la sórdida cara oculta del mundo real: marineros que no pronunciaban frase sin intercalar alguna que otra palabra malsonante, la ciudad de Gdansk (también conocida como Danzig) destrozada y en ruinas, la extendida prostitución y el mercado negro en el puerto polaco. Pero la expedición también tuvo consecuencias inopinadas para moldear mi carrera profesional. Dos décadas después de aquella memorable experiencia, en una reunión internacional de astronomía se la conté a un compañero polaco, quien me instó a regresar a Polonia con motivo de un congreso de historia de la ciencia que iba a celebrarse allí poco después.

Una cosa llevó a la otra. Fui nombrado miembro del comité que debía preparar la conmemoración internacional del quinto centenario del nacimiento de Nicolás Copérnico, el astrónomo polaco que en 1543 detuvo el Sol y puso a la Tierra en mareante movimiento. A su debido tiempo, fui invitado a pronunciar el discurso de apertura de la asamblea general extraordinaria de la Unión Astronómica Internacional en Varsovia para celebrar a Copérnico y su modelo heliocéntrico para el cosmos. Pero esto fue solo el principio; pues a medida que mis intereses viraron más decisivamente de la astrofísica a la historia de la ciencia, me impliqué en la elaboración de un censo de las copias supervivientes del pionero tratado de Copérnico: *De revolutionibus orbium coelestium.* Aunque los libros impresos se asemejan entre sí tanto como dos gotas de agua, las anotaciones realizadas en los márgenes por sus propietarios del siglo XVI son muy reveladoras sobre las tempranas reacciones al libro.

Entre la expedición a Gdansk y mi regreso a Polonia veinte años después, había luchado con la decisión de dedicarme a la astronomía. Martín Lutero, al igual que el apóstol Pablo siglos antes, había enseñado que uno podía conducirse como cristiano en cualquier profesión que desempeñara. En aquellos lejanos días, el dicho: «De tal palo, tal astilla», tendía a ser la norma, y seleccionar aquello a lo que uno iba a dedicar su vida no era tanto una opción cuanto una expectativa inflexible. Pero en Goshen College, con su lema: «Cultura para servir a los demás», se nos recordaba de continuo que la mayoría de nosotros nos enfrentábamos a verdaderas elecciones en lo relativo a la orientación de nuestra vida. La astronomía no parecía estar en lo alto de la lista. Resultaba difícil imaginar una profesión respetable menos útil para el grueso de la humanidad. Una carrera de químico podría producir, en cambio, medicinas o plásticos que reportaran algún beneficio al género humano.

«Si realmente quieres ser astrónomo –me aconsejó mi profesor de Matemáticas–, ve a por ello. No debemos permitir que los ateos se adueñen de ningún campo». Alentado por sus estimuladoras palabras, me matriculé en el programa de posgrado de Harvard, con la esperanza de aprender más sobre mi ciencia favorita y pensando en trabajar quizá como periodista científico. Harvard no había admitido a ningún egresado de Goshen College desde la década de 1920; así que, para no pillarse los dedos, el Departamento de Astronomía solo me admitió para cursar un máster. A su debido tiempo, obtuve el título y fui transferido automáticamente al programa de doctorado, pero mi oficina de reclutamiento tenía otros planes para mí. Me habían concedido una prórroga por estudios para hacer el máster, y eso era todo. Ahora tenían claro que debía cumplir con el Sistema de Servicio Selectivo. En aquella época, las prórrogas por estudios estaban a la orden del día, pero yo era un objetor de conciencia por motivos religiosos, lo que no me favorecía precisamente a ojos de la oficina de reclutamiento de Goshen, Indiana. Tras dos años de torpezas burocráticas, una investigación a fondo del FBI y el esfuerzo por mantenerme a flote en el doctorado, finalmente fui llamado a realizar la prestación sustitutoria dando clases en la American University de Beirut. Este giro de los acontecimientos no me satisfizo del todo. Beirut prometía ser un lugar fascinante para mí (y para quien desde un año antes era mi esposa, una excompañera de clase en Goshen), pero la interrupción de los estudios de doctorado se me antojaba devastadora.

En una mirada retrospectiva, veo a Dios actuando en modos misteriosos. Cuando tres años más tarde regresé a Harvard, el paisaje había cambiado. Los rusos habían lanzado el Sputnik, Estados Unidos había entrado en la era espacial, el Smithsonian Astrophysical Observatory y el Harvard Observatory habían aunado fuerzas y su programa de seguimiento de satélites disponía del ordenador más potente de Nueva Inglaterra. Me volqué con entusiasmo en la programación de ordenadores y pronto estaba inmerso en una tesis pionera, mascando números que difícilmente habrían podido ser dominados mediante cálculos a mano y determinando el modo en que la radiación de luz multicolor fluía a través de los nebulosos estratos externos de las estrellas. Sin el rodeo por Beirut, en apariencia inoportuno, esto nunca habría sucedido. El Smithsonian Observatory no solo disponía del equipamiento necesario para colocarme en la vanguardia de la computación astronómica de alta velocidad, sino un importante centro de comunicaciones para conectar las estaciones de seguimiento de los satélites repartidas por el mundo entero. Esto hizo que me convirtiera en el responsable de la Oficina Central de Telegramas Astronómicos, la sección de la Unión Astronómica Internacional que bautiza los cometas y, en general, difunde información sobre fenómenos astronómicos efímeros. Tras varias décadas en Copenhague, la Oficina estaba buscando nueva sede. Yo la trasladé a Cambridge. Durante mi mandato como director, se descubrieron los púlsares; el rápido anuncio de las posiciones de los que se iban observando imprimió considerable impulso al estudio de estas estrellas de elevada densidad. Simplemente porque era yo quien firmaba los telegramas y notas de anuncio, llegué a ser conocido en el mundillo de la astronomía.

El rodeo por Beirut tuvo otra consecuencia tan inesperada como afortunada. Un año después de terminar la tesis, la plaza de docente para las clases que el Departamento de Astronomía ofrecía en el programa de Educación General de Harvard quedó vacante en un momento bastante tardío del ciclo de nombramientos académicos y, puesto que yo era un profesor con experiencia y obviamente disponible, me pidieron que la asumiera. Treinta años después sigo impartiendo «La perspectiva astronómica», que, según creo, es el curso de Harvard que más tiempo lleva en manos de la misma persona.

Por lo que atañe a la fe religiosa en una universidad secular, existe una curiosa, pero arraigada asimetría. Los profesores ateos pueden expresar –y a menudo expresan– sus opiniones personales en los cursos que imparten; en cambio, aludir a las creencias cristianas de uno de manera análogamente enérgica acarrearía sin duda acusaciones de proselitismo. No obstante, las tradicionales «oraciones matutinas» de Harvard, hoy poco frecuentadas, ofrecen un púlpito para las convicciones religiosas de quienes integramos la comunidad universitaria, y yo he hablado allí casi anualmente desde la década de 1960.

En un momento muy temprano de mi carrera docente en Harvard, un profesor más veterano me aconsejó que no diera a los alumnos oportunidad de escribir trabajos sobre cuestiones religiosas: «Si el trabajo es malo y le pones la nota que merece, el alumno se sentirá atacado personalmente por sus creencias religiosas». Necesité varios años hasta que reuní el coraje suficiente para incluir tales temas en la lista estándar de trabajos; pero como sabía que estos temas se debatían intensamente en las charlas informales de los colegios mayores, me sentí obligado a informar a los estudiantes de una muy seria y enjundiosa bibliografía digna de consideración.

Cuando anuncié que corregiría personalmente los trabajos sobre la pregunta: «¿Existe conflicto entre la ciencia y la idea de un Dios personal?», casi la mitad de la clase eligió ese tema. Un profesor ayudante evaluó independientemente los trabajos, el acuerdo entre sus notas y las mías fue notable y nadie se quejó de la nota recibida. Quizá el informe que de esta experiencia presenté al profesorado de la universidad durante el debate sobre la creación de un grado en Religión contribuyó a persuadir a mis compañeros de Harvard para que votaran favorablemente.

Durante la década de 1960, mi interés largo tiempo latente por la historia de la astronomía comenzó a aflorar. A medida que utilizaba ordenadores cada más potentes para mis investigaciones astrofísicas, se me ocurrió que el IBM 7094 quizá podría realizar una bella demostración de uno de los problemas particularmente tediosos abordados por Kepler.

El astrónomo y matemático alemán se quejó por escrito de que su intento inicial de determinar la órbita del planeta Marte le había costado al menos setenta intentos. El ordenador lo resolvió fácilmente en el menor número posible de iteraciones: nueve. A la sazón, los ordenadores eran aún una suerte de novedad, y mi informe: «The Computer versus Kepler», recibió una publicidad inopinadamente amplia.

La vida y la obra de Kepler me tenían fascinado desde que leí la obra de Arthur Koestler *Los sonámbulos*, al poco de su publicación en 1958. Pensador profundamente religioso, Kepler encontró inspiración para sus armonías cósmicas en la fe cristiana protestante que profesaba. En sus obras estalla con frecuencia en salmos u oraciones como la que pone fin a la *Harmonice mundi*:

> «Te doy gracias, oh Señor y Creador nuestro, porque me dejas ver la belleza de tu creación y me regocijo con las obras de tus manos. Mira, ya he concluido la tarea a la que me sentí llamado: he cultivado el talento que tú me diste, he proclamado la magnificencia de tus obras a quienes lean estas demostraciones, en la medida en que la limitación de mi espíritu haya podido abarcar su infinitud. Mi intelecto ha sido preparado para el más perfecto filosofar; si me ha sido mostrado algo indigno de tus designios, que deseas que sean conocidos por los hombres, inspírame también a mí para que pueda clarificarlo. Si he sido inducido a la verbosidad por la maravillosa belleza de tus obras o si he buscado mi propia gloria entre los hombres mientras progresaba en una obra concebida para darte gloria solo a ti, perdóname indulgente y misericordioso; y, por último, dígnate por tu gracia hacer que estas demostraciones contribuyan a tu mayor gloria y a la salvación de las almas y no permitas que ningún pasaje suyo sea un obstáculo para ello. Amén».

En aquella era sectaria, la firme convicción de Kepler de que los calvinistas debían ser tratados como hermanos cristianos no encajaba bien con los profesores luteranos de su *alma mater*, lo que de hecho le impidió obtener plaza de profesor allí, en Tubinga. Y su negativa a ponerle pegas al «papista» calendario gregoriano no le hizo ganar puntos ante su mentor en cuestiones de astronomía, Michael Maestlin. En un momento dado, cuando estaba trabajando en territorio católico, Kepler envió a su hijo con unos amigos, para poder declarar así honestamente que no sabía dónde se encontraba el joven Ludwig cuando las autoridades, como era previsible, buscaran a su hijo para obligarle a abrazar la fe católica. Kepler sufrió mucho a causa de esta forma religiosa de pensar, independiente pero hondamente sincera; incluso fue excomulgado por el pastor local a causa de sus reservas frente a ciertas doctrinas contenidas en la luterana Fórmula de Concordia.

Como astrónomo y como cristiano que soy, no podía por menos de admirar las creencias de Kepler, así como sus pioneros logros astronómicos. En 1971 se celebró el cuarto centenario del nacimiento de Kepler, y para esa ocasión preparé siete artículos sobre diferentes aspectos de su obra, incluida una importante secuela de mi antiguo artículo «The Computer versus Kepler». Con el quinto centenario de Copérnico (1973) ya en el horizonte, la suerte estaba echada, y me fui dedicando en creciente medida a la historia de la astronomía. Como chistosamente aseguraba a mis amigos astrónomos, era una víctima de los aniversarios.

Sin embargo, mi intensa involucración en cálculos astronómicos de atmósferas estelares modelizadas y el arduo problema de cotejar los cálculos con los espectros estelares reales me habían permitido comprender mucho mejor cómo se llevan a cabo los juicios científicos. Poco a poco me iba dando cuenta de que el poder de la ciencia no radica tanto en las grandes pruebas como en las pequeñas hebras que, entretejidas, forman el maravilloso tapiz de la comprensión. Era la belleza de que todas las pequeñas piezas encajaran entre sí de un modo lleno de sentido, una intrincada textura que producía un diseño magnífico.

Conforme fui intensificando mis lecturas de historia de la ciencia, esta visión de la ciencia –o sea, el papel de la coherencia y la comprensión– cobró creciente claridad. Y así, cuando en 1982 me invitaron a pronunciar la primera Dwight Lecture in Christian Thought [Conferencia Dwight sobre Pensamiento Cristiano], en la Universidad de Pensilvania, estaba intelectualmente preparado para describir la confección del gran tapiz de la ciencia en un marco cristiano: aquello iba a convertirse en mi «conferencia procristianismo y anticreacionismo».

Entre mi aceptación del encargo y su realización fáctica todavía se interpuso un obstáculo imprevisto: los patrocinadores de la conferencia me pidieron que firmara una declaración de fe que contenía, entre otras cosas, una afirmación explícita de «la singular y divina inspiración y la plena veracidad y autoridad de la Biblia». En mis tiempos de estudiante de grado en Goshen College probablemente habría firmado la declaración sin titubear, pero entretanto esa frase se había convertido en alusión cifrada a una interpretación literalista de las Escrituras, algo que me costaba aceptar. Hacía ya tiempo que había adoptado la postura defendida implícitamente por Kepler y explícitamente por Galileo de que «la Biblia enseña cómo ir al cielo, no cómo funcionan los cielos». En otras palabras, la Biblia no es un manual científico, sino un relato histórico-salvífico.

Como expliqué en mi Dwight Lecture, la ciencia es, por naturaleza, indiferente a Dios. Se trata de un sistema mecanicista, ideado para mostrar cómo funcionan las cosas e incapaz de decir nada sobre el quién, sobre el diseñador. Subrayé que entendía que algunas personas se sintieran amenazadas por la influencia de una forma de considerar el mundo que no incluye explícitamente en su interpretación la mano diseñadora de Dios y que podía comprender a las personas profundamente religiosas a las que esto les resulta incompleto e insatisfactorio. Añadí que incluso era capaz de simpatizar hasta cierto punto con la frustración de los creacionistas, que desean que en los libros de texto de Biología se incluya un marco filosófico más amplio. Pero también dejé claro que se equivocan cuando opinan que las explicaciones científicas, como tales, son antiteístas o ateas; que se engañan cuando piensan que el relato del Génesis puede remplazar el «cómo» de la explicación científica; y que yerran cuando creen que tildar la evolución de «mera hipótesis» es una táctica adecuada. En cierto sentido, todas las explicaciones teóricas de la ciencia, la trama que mantiene unido el tapiz, son hipótesis, y desenhebrar una sección conlleva el riesgo de deshacer todo el paño.

Puesto que me incomodaba rubricar la explícita declaración de fe propuesta por los mecenas de la Dwight Lecture, decidí ofrecerles una alternativa. En momentos como este, pertenecer a una comunidad de fe resulta muy útil. Esbocé un credo y luego se lo presenté a varios de mis compañeros de la comunidad menonita de Boston. Tras algo de debate, esta es la forma que finalmente adoptó:

DIOS COMO CREADOR
Creo en Dios como la superinteligencia que planificó y guio la creación del universo, tal como se nos revela en los extraordinarios detalles del mundo natural y se atestigua en la Biblia.

SER HUMANOS IMPLICA ASUMIR RESPONSABILIDAD
Creo que la creación de la humanidad es una de las finalidades principales del universo y que el género humano fue creado a imagen de Dios, en especial por lo que concierne a la inteligencia, la conciencia y la libertad moral de elegir el bien o el mal.

DIOS PERSONIFICADO A TRAVÉS DE CRISTO

Creo que Dios continúa actuando en la historia, como se ve en los libros del Antiguo Testamento y se demuestra en la vida y muerte de Jesucristo, atestiguada en los del Nuevo Testamento. Junto con mis antepasados anabaptistas, creo que somos llamados por Jesucristo a una vida de seguimiento, la cual, a través del amor sacrificial y la reconciliación perdonadora, da testimonio tanto del amor que Dios siente por nosotros como de la comunión de hombres y mujeres.

DIOS COMO INSPIRACIÓN CONTINUA

Creo en la eficacia del Espíritu Santo en la obra de sensibilizar nuestras conciencias y, en virtud de la interacción discernidora de los creyentes, guiarnos a una comprensión siempre renovada de la revelación de Dios a través de las Sagradas Escrituras.

En sus diversas formas, la Dwight Lecture: «Let There Be Light: Modern Cosmogony and Biblical Creation» [Sea la luz: la cosmogonía moderna y la creación bíblica], terminó teniendo una difusión mucho mayor de lo que los mecenas de la conferencia o yo mismo habríamos podido soñar. He impartido esa conferencia más de cuarenta veces, sobre todo en entornos universitarios o de enseñanza superior, una de las cuales fue grabada por el programa *Ideas* del Canadian Broadcasting System (CBC), que la emitió varias veces de costa a costa en Canadá. Roland Frye (un distinguido historiador de la literatura y teólogo de la Universidad de Pensilvania) la incluyó en la recopilación *Is God a Creationist?* [¿Es Dios creacionista?]; y también formó parte de la antología *The World Treasury of Physics, Astronomy, and Mathematics* [El tesoro mundial de física, astronomía y matemáticas], que, preparada por Timothy Ferris, fue uno de los libros seleccionados por el Book-of-the-Month Club.

Posteriormente, Roland Frye me invitó a incorporarme al consejo asesor del Center for Theological Inquiry (CTI) de Princeton, un centro de pensamiento teológico entre cuyos intereses se cuenta la relación de la ciencia con el cristianismo. Esta institución reúne a algunos destacados teólogos y científicos, tanto en el consejo asesor como en unas jornadas anuales especiales que me han proporcionado algunos de los más intensos estímulos intelectuales y espirituales de los últimos años. El Center for Theological Inquiry patrocinó otra conferencia mía: «Kepler's Anguish and Hawking's Query: Reflections on Natural Theology» [La angustia de Kepler y la búsqueda de Hawking: reflexiones sobre teología natural], en cierto sentido una secuela de la Dwight Lecture. La conferencia CTI fue publicada en *Great Ideas Today*, el anuario de los *Great Books of the Western World*. Ambas conferencias han contribuido a que sea identificado claramente como un autor dispuesto a afrontar cuestiones en la intersección de la fe y la ciencia, de suerte que, cuando los organizadores de congresos sobre este tema «confeccionan la lista de sospechosos habituales», suelo ser uno de los invitados.

Una situación típica se planteó recientemente cuando un grupo de investigadores de la NASA anunciaron que habían encontrado evidencia de vida primitiva fósil en un meteorito procedente de Marte. Periodistas del *Philadelphia Inquirer*, el *Christian Science Monitor*, *Newsweek* y otras publicaciones querían una interpretación teológica para sus relatos. «Aunque el universo estuviera lleno de microbios –declaré–, ello no supondría ninguna diferencia teológica. La teología tradicional ha considerado a la humanidad la cima de la creación divina en el universo físico. Es cierto que el cerebro humano es el objeto más complejo que conocemos; en comparación, el interior de una estrella o la explosión de una supernova son trivialmente simples. Pero el cerebro humano nos confiere el poder de la imaginación, de pensar más allá de nosotros mismos y considerar la posibilidad de que en este vasto cosmos haya seres aún más complejos y más inteligentes. No se me ocurre requisito bíblico alguno ni constricción teológica alguna que exijan que estemos solos en el universo. Por consiguiente, creo que no deberíamos atrevernos a limitar la creatividad divina a la creación de la humanidad».

Toda la cuestión de la posibilidad de vida en otros mundos está estrechamente asociada a opiniones concernientes al origen y evolución de la vida, y una gran parte de mi esfuerzo por comprender la naturaleza de la ciencia ha estado vinculada con la teoría de la evolución biológica. Recientemente, el papa Juan Pablo II afirmó que la evolución no es solo una hipótesis. Lo que quería decir es, por supuesto, que no se trata, por usar el habla común, de una «mera hipótesis», es decir, de algo que pueda ignorarse o no tomarse en serio. En realidad, una gran parte de la visión científica de la naturaleza es una espléndida hipótesis, una red coherente de explicaciones que nunca se «prueba» en sentido formal. La teoría de la evolución biológica tiene numerosos problemas, pero es el único marco de trabajo que permite dar sentido científico a la distribución histórica y geográfica de las especies y a la asombrosa interrelación de la codificación genética en el ADN a lo largo y ancho del árbol de la vida. De cuando en cuando, al terminar alguna de mis conferencias, alguien me entrega una copia del libro *Life: How Did It Happen? Creation or Evolution?* [La vida: ¿cómo surgió? ¿Por creación o por evolución?] Siempre le digo al donante que el libro formula la pregunta equivocada. Creación y evolución son compatibles. La verdadera pregunta reza más bien: ¿accidente o finalidad?

Aunque tales opiniones pueden encontrar –y de hecho encuentran– proyección ocasional a través de los medios de comunicación, algunos de mis amigos empezaron a explorar las posibilidades de una difusión más amplia con ayuda de la televisión. Si hablara a una audiencia de cien personas todas las tardes hasta que me jubile, podría llegar a unas doscientas mil personas como máximo; una serie en la televisión pública sería vista probablemente por al menos cinco millones de telespectadores. Sin embargo, hay mucho más en juego: en la pequeña pantalla la ciencia suele ser expuesta desde una perspectiva estrictamente materialista, como si el universo mismo no tuviera nada que ver con Dios. ¿No resultaría informativo presentar con esmero la ciencia desde la perspectiva teísta del legado judío-cristiano? Un programa así transitaría entre el estéril literalismo bíblico de los creacionistas, por un lado, y el flagrante ateísmo materialista, por otro. Demostraría que la fe y la ciencia no son en absoluto incompatibles.

A la cabeza de los partidarios entusiastas de este proyecto ha estado Robert Herrmann, antiguo director ejecutivo de la American Scientific Affiliation (ASA), una organización de científicos profesionales que se toman en serio tanto la ciencia como la Biblia. Con financiación inicial de la ASA, nos asociamos con Geoff Haines-Stiles, uno de los más importantes productores independientes de programas televisivos de ciencia, con el fin de preparar los guiones para seis episodios de una serie titulada: «Space, Time, and God» [Espacio, tiempo y Dios]. Entre nuestros asesores se contaban, entre otros, Charles Townes, premio Nobel de Física, David Ellis, director de un museo de ciencia, el cosmólogo Alan Sandage, el teólogo Langdon Gilkey y el educador católico Ted Hesburgh. Cuando Haines-Stiles y yo esbozamos un conjunto realmente educativo de programas con unas cuantas localizaciones inusuales, quedamos convencidos de que habíamos escrito el guion de una serie interesante y atractiva. Los episodios iluminaban el controvertido «caso

Galileo», explicaban las pruebas de las inmensas distancias e intervalos temporales que encontramos en cosmología, indagaban en el interrogante: «¿Estamos solos?», y preguntaban qué significa ser humanos.

Por desgracia, la televisión «popular» de calidad es muy cara, y la producción, junto con la publicidad necesaria, se elevaba a más de trescientos mil dólares por episodio. Algunos adinerados cristianos conservadores se interesaron por el proyecto; pero en cuanto se mencionaba el término «evolución», desaparecían. Las empresas actuaron volublemente justo por las mismas razones que producen la curiosa asimetría en el mundo académico: de algún modo, es aceptable sostener una «visión personal» de la ciencia que incorpore explícitamente una posición antirreligiosa, pero no una perspectiva teísta. A no ser que ocurra un pequeño milagro, a día de hoy parece que la serie no se realizará.

A pesar de tales desilusiones, he tenido muchos foros interesantes, si bien más pequeños, para hablar de la relación entre ciencia y religión. Algunos de ellos me han sido facilitados por la John Templeton Foundation, que ha financiado conferencias tanto en entornos confesionales como académicos. Otros se han presentado de modo bastante inopinado, por ejemplo la invitación a pronunciar un sermón de Adviento en la National Cathedral de Washington, D.C. Afortunadamente desde mi punto de vista, cada vez que tengo que reformular dónde me encuentro en esta peregrinación espiritual, clarifico al menos un rincón más del cuerpo siempre incompletamente definido de lo que en verdad creo.

5

Lo que yo creo

PETER E. HODGSON

La mía no es una historia particularmente dramática. Fui bautizado unos días después de nacer y, por la gracia de Dios, he permanecido en la Iglesia. Mi historia no es la de una conversión dramática, sino la de un aprendizaje gradual de la fe y un intento de vivirla.

Mi padre era miembro de la Iglesia de Inglaterra y mi madre procedía de una antigua familia católica que había conservado su fe a través de épocas en las que era delito profesarla. Desde mi más temprana infancia experimenté el dolor de la separación religiosa. Mi padre tenía ideas claras sobre lo que estaba bien y mal y enseñaba más con el ejemplo que con principios articulados. Tenía una fuerte conciencia del deber ante el rey y la patria e insistía en que la palabra dada era vinculante. Mantuvo fielmente su promesa de que yo sería educado en la fe católica, y su integridad a este respecto era muy admirada por mis familiares católicos. En 1914 fue enviado a Francia con su regimiento, los Queen's Westminsters, y luchó en las trincheras durante toda la Primera Guerra Mundial. La mayor parte del regimiento no sobrevivió. En uno de sus poco frecuentes comentarios sobre religión, observó: «Una cosa he de decir a favor de tus curas: se portaron de maravilla con nosotros».

El apellido de soltera de mi madre era Bulbeck, y sus antepasados vinieron a Inglaterra con Guillermo el

Conquistador. En Normandía existe una ciudad llamada Bol-
bec, no lejos de la gran abadía de Bec. La familia Bulbeck
prosperó durante la Edad Media, y en Norfolk hay un pueblo llamado Swaffam Bulbeck que probablemente guarda
relación con ella. Cuando Enrique VIII rompió con Roma,
la fe católica de Inglaterra, tan fuerte y vigorosa, fue supri-
mida brutalmente y la no asistencia a los oficios religiosos
protestantes era castigada con cuantiosas multas. Los católicos que se negaban a renunciar a su fe eran denominados
recusants, «recusantes», y varios Bulbecks figuran en los
Recusant Rolls de Hampshire. Los reformadores protestantes profanaron las catedrales e iglesias inglesas, destrozaron
las estatuas y quemaron los paramentos, como gráficamen-
te narra Eamon Duffy en su reciente libro *The Stripping of
the Altars* [El desvestimiento de los altares][1]. Celebrar misa
se consideraba alta traición, y los sacerdotes que atendían
clandestinamente a los católicos, como Edmund Campion,
si se les descubría, eran colgados, destripados y descuarti-
zados en Tyburn, hoy Marble Arch (en Londres). La familia
Bulbeck perdió la mayoría de sus posesiones, pero mantuvo
la fe. Con el paso de los siglos, la Iglesia de Inglaterra se ha
moderado y ahora es, para bien, una fuerza pujante en un
mundo secular; pero guarda escasa memoria de sus orígenes
y, de hecho, asegura ser continuadora de la Iglesia medieval.
Mi padre se quedó asombrado cuando le dije que nuestras
antiguas catedrales fueron construidas por católicos y fueron católicas durante varios siglos.

El catolicismo inglés se caracteriza por una piedad poco
ostentosa y la devoción al papado. Esta reticencia es atribui-
ble en parte a siglos de persecución en los que los católicos

---

1.   Cf. E. DUFFY, *The Stripping of the Altars*, Yale University Press, New
     Haven 1992.

tuvieron que vivir como una *gens lucifuga* –o sea, un pueblo que huía de la luz del día–, en parte al recelo británico ante los excesos emocionales. Es difícil ilustrar esta actitud realista y serena ante la vida. Sin embargo, recuerdo una mañana de domingo a principios de la década de 1940, alrededor de las 7:45, cuando mi madre y yo estábamos a punto de salir de casa para ir a misa. De repente se oyó una enorme explosión, seguida poco después por el chillido de aproximación del misil supersónico V2 que acababa de impactar delante de la casa. La pesada puerta principal se abrió de golpe, las ventanas se hicieron añicos, y de la chimenea salió una nube de hollín que invadió la sala de estar. Mi padre saltó de la cama y exclamó: «¿Qué hacemos ahora?». «Nosotros nos vamos a misa», contestó tranquilamente mi madre, como si nada hubiera pasado, y nos pusimos en camino. Tales intrusiones menores de los nazis no iban a apartarla ni un ápice de sus devociones.

De niño fui a un colegio de monjas, en el que las estrictas pero afables hermanas dejaron en mí una impresión duradera. Para la instrucción religiosa se usaba el *Penny Catechism*, y recuerdo a mi madre instándome pacientemente a que memorizara las respuestas. Ese catecismo contenía más teología sólida que las estanterías de libros con cubierta de papel brillante que llenan las librerías religiosas en la actualidad. Luego proseguí los estudios en el St. Joseph's College de Beulah Hill, en el sur de Londres, donde los profesores eran Hermanos de La Salle, una congregación francesa dedicada a la enseñanza. El espíritu de la escuela era cien por cien católico; cada clase empezaba con una oración, y a diario había una clase de instrucción religiosa. El ejemplo de estos hombres resultaba inspirador. Llevaban una vida realmente dura, enseñando a niños indisciplinados durante seis horas al día o incluso más, corrigiendo nuestros trabajos por la tarde-noche y levantándose a las cuatro de la mañana para hacer varias horas de oración. La enseñanza era excelente, y se esperaba de nosotros que fuésemos aplicados. Los hermanos evaluaban todos los trabajos que realizábamos en clase, así como todos los deberes; cada semana se sumaban las distintas notas y se nos clasificaba según la nota global. El director de la escuela pasaba por las clases el sábado por la mañana y leía en voz alta la lista de nombres ordenada por méritos. Esto sería ridiculizado hoy como elitista, pero en aquel entonces constituía ciertamente un fuerte incentivo para que en ningún momento nos relajáramos en el estudio.

Al menos cuatro de los hermanos que me dieron clase eran excelentes científicos y matemáticos, y todos ellos juntos alentaron mi amor por la ciencia. Me embelesaba la potencia, belleza y generalidad de las ecuaciones diferenciales, que describen con tanta exactitud el mundo físico. Todas las demás asignaturas me parecían, por comparación, arbitrarias e inexactas. Para cada problema en matemáticas o física existía una respuesta definida, exacta; por el contrario, en las asignaturas con mucha palabrería los debates inconcluyentes se prolongaban sin término y no parecía haber manera de llegar a una conclusión.

Este contraste es el que empuja a muchos jóvenes a rechazar la religión, pero eso no era posible para mí. ¿Acaso no nos estaban enseñando ciencia hombres que habían entregado su vida a Cristo? Antes de comenzar a enseñarnos ciencia, siempre decían algunas palabras sobre las verdades de la fe y la vida cristiana. Era evidente que todo eso lo habían reflexionado por sí mismos y que valoraban su fe incluso más que su ciencia. Aprendimos que existen leyes físicas y leyes morales. Si no tienes en cuenta la ley de la gravedad, te haces daño. Si ignoras la enseñanza moral de la Iglesia, también te haces daño. Para vivir razonablemente, es necesario observar ambos conjuntos de leyes. Esta no es una cuestión de emoción o elección, sino el reconocimiento de la realidad objetiva.

Criticar a la Iglesia o al papa por insistir en la ley moral es como criticar a un físico por enseñar la ley de la gravedad. Así como para el físico no es posible alterar la ley de la gravedad, así tampoco es posible para la Iglesia alterar la ley moral. Existen, por supuesto, diferencias entre las leyes físicas y las morales. Las leyes físicas pueden estar sujetas a pruebas numéricas exactas, lo que posibilita un elevado grado de refinamiento. También es posible, sin embargo, poner a prueba las leyes morales viviendo de acuerdo con ellas y observando sus consecuencias. El experimento requiere más tiempo, pero es igual de decisivo. No tenemos más que abrir los periódicos para ver los resultados de la desobediencia sistemática de las leyes morales. Por sus frutos los conoceréis.

Hay hechos obvios. Nadie se permite incurrir en retórica emocional contra la ley de la gravedad; es cuestión de aceptar la realidad. A menudo resulta extremadamente doloroso obedecer leyes morales, pero no se puede hacer otra cosa que apechugar con ello. Recuerdo que un día en la escuela un niño se lastimó y empezó a quejarse por el dolor. No encontró demasiada compasión en uno de los hermanos, quien, amable y a la vez firmemente, le dijo: «No puedes ahuyentar el dolor; ¡ignóralo y sigue tu marcha!». He descubierto que se trata de un consejo muy útil. Por muy bien que se enseñe la religión, cada persona tiene que asimilarla, tiene que hacerla suya. Lo que se aprende tiene que ser confrontado con las exigencias de la razón y de la experiencia: ¿es lógicamente coherente?, ¿me ayuda a encontrar sentido a mis experiencias?, ¿puedo vivir guiándome por ella? La pregunta más fundamental es la relativa a la existencia de Dios. Leí las cinco vías de Tomás de Aquino y me pregunté por qué todos los átomos de hidrógeno son iguales. Tienen que estar relacionados de algún modo, por una mente que los diseñó y los creó. Las otras vías muestran cómo esa mente se identifica con el ser supremo, el Dios todopoderoso.

Luego tenemos que afrontar la formidable afirmación de que Dios se hizo hombre en la persona de Jesucristo. Que aquel a través de quien todas las cosas fueron creadas (según palabras del credo niceno) caminó de hecho por esta tierra nuestra y fue plenamente hombre. Esto lo aceptamos por la fe, un libre don de Dios; pero una vez aceptado, da sentido a la historia humana. El Jesucristo de los evangelios no puede ser caracterizado meramente como un maestro talentoso; o era lo que decía ser, el Hijo, o era el más escandaloso impostor de toda la historia humana. Los evangelios no pueden ser descartados como meros relatos píos. Suenan a verdaderos en el nivel más profundo y han inspirado las vidas de innumerables millones de personas durante los últimos dos milenios.

No es posible ser cristiano sin tener conciencia de la historia, y la historia de la Iglesia es profundamente instructiva. La Iglesia ha estado amenazada una y otra vez por peligros letales procedentes del gnosticismo, el maniqueísmo, el arrianismo, el monoteísmo (en sentido antitrinitario). Como observó Chesterton:

> «Haber caído en una u otra de esas abiertas trampas de error y exageración que moda tras moda y secta tras secta han colocado a lo largo de la senda histórica del cristianismo habría sido fácil, sin duda. Siempre resulta fácil caer; se cae en una infinidad de ángulos, pero solo se permanece de pie en uno. Haber caído en cualquiera de esas modas pasajeras, desde el gnosticismo a la ciencia cristiana, habría sido natural y acomodaticio. Pero esquivarlas todas fue una aventura vertiginosa; y en mi visión, el carro celestial vuela tronante a través de los eones, las torpes herejías se encuentran desparramadas y postradas y la indómita verdad avanza vacilante, pero erguida»[2].

---

2. G. K. CHESTERTON, *Orthodoxy*, Unicorn Books, London 1939 [trad. esp.: *Ortodoxia*, Acantilado, Barcelona 2013].

En todas las épocas, los escándalos han sacudido a la Iglesia y ha habido indicios de disolución y decadencia. Si fuera de origen humano, la Iglesia habría desaparecido hace siglos junto con todas las torpes herejías que en su día parecían enemigos mortales. Pero junto a la decadencia de instituciones arraigadas y al anquilosamiento de estructuras antiguas siempre pueden verse también los brotes verdes de la vida renovada. Mientras que algunas órdenes y congregaciones antiguas menguan, otras nuevas surgen, austeras y entregadas, como el Opus Dei y los legionarios de Cristo, para ocupar su lugar. Estos son tiempos de dura prueba para la Iglesia. En la estela del Vaticano II, existen fuertes presiones –en nombre de la democracia y con objeto de estar a la altura de los tiempos– en pro de una reorganización radical de la Iglesia y una relajación total de la disciplina. Lejos de abordar con decisión la multitud de males dentro y fuera de la Iglesia, se intenta reabrir cuestiones que han sido definitivamente resueltas. Se olvida que la Iglesia no es una democracia. Cuando Cristo preguntó a los apóstoles: «¿Quién decís vosotros que soy?», Simón Pedro tomó la palabra en nombre de todos y dijo: «Tú eres el Cristo, el Hijo de Dios vivo». Cristo le dio entonces el nombre de Pedro, que significa piedra o roca, y dijo que sobre esa piedra edificaría su Iglesia. Le dio las llaves del reino a Pedro y le prometió que lo que atara en la tierra quedaría atado en el cielo y lo que desatara en la tierra quedaría desatado en el cielo (cf. Mt 16,15-19; Mc 3,16; Jn 1,42). La imagen de atar y desatar alude así a la enseñanza como a la autoridad disciplinaria. Una llave posee un rico simbolismo; a pesar de lo curiosa que es su forma, tiene una virtud esencial: abre la puerta[3]. Pedro

---

3. Cf. S. L. JAKI, *The Keys of the Kingdom*, The Franciscan Herald Press, Chicago 1986.

siempre es mencionado el primero entre los apóstoles; es su portavoz; fue el primero en entrar en el sepulcro; fue el primero en encontrarse con el Cristo resucitado; y es llamado el «primero» de los apóstoles (cf. Mt 10,2). Fue el primero en predicar a los gentiles y fue quien recibió a los primeros gentiles conversos (cf. Hch 10,34-38; 15,7-11). Así pues, la responsabilidad de gobernar la Iglesia le es asignada al hombre que actúa como representante de Cristo, y solo él cuenta con la gracia de Dios y el poder para ejercer esa formidable responsabilidad. Tal poder solamente puede ser dado y garantizado por Dios. El reconocimiento y aceptación de este simple hecho ahorraría mucha estéril controversia. En la actualidad hemos sido bendecidos generosamente con un papa que predica la verdad y gobierna la Iglesia sin miedo.

La enseñanza moral de la Iglesia es fiel a la vida. Como señala Chesterton, la Iglesia no solo está en lo cierto cuando el mundo está en lo cierto, sino que, más significativamente aún, también está en lo cierto cuando el mundo yerra. Si la Iglesia quiere permanecer fiel a Cristo, no puede por menos de dar la cara ante el mundo. Para el papa Julio I habría sido fácil, humanamente hablando, mandar callar a Atanasio y conservar al Oriente arriano en la Iglesia; para el papa Clemente VII habría sido fácil bendecir el segundo matrimonio de Enrique VIII y salvar así aparentemente a Inglaterra para la fe. Es fácil adoptar una línea blanda, ganar popularidad sin esfuerzo, relajando de modo gradual la ley moral en nombre de la compasión. Los resultados se ven por doquier a nuestro alrededor: se toleran las conductas promiscuas antes del matrimonio, se aplaude la infidelidad, se ridiculiza la castidad, se fomenta el vicio antinatural y millones de niños inocentes son asesinados por los profesionales médicos. Únicamente la Iglesia católica y la Iglesia ortodoxa se han negado a transigir.

Estas son algunas de las razones por las que, ayudado por la gracia divina, he conservado mi fe. Es fácil, por supuesto, ser escéptico, demoler las creencias de otras personas y revestirse del manto de la imparcialidad académica. Pero no somos intelectos incorpóreos; vivimos en el mundo real y tenemos que tomar decisiones a diario. ¿Cómo podemos tomarlas sin creencias definidas y sin una regla de vida acreditada ante la razón y la experiencia? Desde luego, la ciencia misma se basa en creencias muy específicas sobre el mundo natural que no se encuentran en otras culturas. Un examen adicional muestra que son creencias cristianas, y esta es la razón por la que la ciencia tal como la conocemos solo tuvo un nacimiento viable en Europa occidental durante la Alta Edad Media[4].

Cuando dejé el St. Joseph's College, me matriculé en el Imperial College de la Universidad de Londres para estudiar Física y, al terminar el grado, continué allí para investigar bajo la supervisión de *sir* George Thomson. Luego vinieron un periodo en el University College de Londres con *sir* Harrie Massey, cerca de un año como profesor de Física en la Universidad de Reading y el traslado a Oxford, donde he permanecido hasta ahora.

La mayor parte del tiempo la he pasado aprendiendo y enseñando física, así como investigando en física nuclear. Ha resultado ser una actividad profundamente satisfactoria, que puede absorber con facilidad todo el tiempo de que uno disponga. Sin embargo, para un cristiano no es posible ignorar los efectos más amplios de la ciencia y la tecnología. La investigación científica en física nuclear, emprendida originariamente por el puro deseo de descubrir la estructura íntima del mundo material, ha tenido un gran e inesperado impacto en la historia mundial. El ejemplo más espectacular

---

4. Cf. P. E. HODGSON, «The Christian Origin of Science» (Coyne Lecture en Cracovia, Polonia, 1995).

de ello es la bomba atómica, que puso repentino fin a la Segunda Guerra Mundial. Los científicos responsables de su desarrollo estaban totalmente absortos en su tarea, pero en cuanto acabó la guerra empezaron a reflexionar sobre sus responsabilidades. Tenían claro que el patrón de relaciones internacionales se había alterado de forma irreversible y que una guerra entre las grandes potencias era tan inimaginablemente peligrosa que había que esforzarse al máximo para tornarla imposible. Además, el desarrollo del reactor nuclear había proporcionado una nueva fuente de energía que podía ser de inmenso provecho para la humanidad. Estas aplicaciones de la física nuclear para mal y para bien no eran entendidas por los políticos responsables de la toma de decisiones en el mundo de la posguerra ni, menos aún, por el público en general. Saltaba a la vista que era necesario llevar a cabo un inmenso trabajo de educación, y los físicos nucleares eran los únicos que podían hacerlo. Los científicos que habían trabajado en Los Álamos escribieron artículos, dictaron conferencias y crearon la Federación de Científicos Atómicos para educar al público.

En Gran Bretaña, destacados científicos crearon la Asociación de Científicos Atómicos con idéntico fin. Los científicos del Imperial College eran especialmente activos y yo, como joven estudiante a finales de la década de 1940, me vi involucrado en estas actividades; no tardé en ser miembro del consejo y editor del *Atomic Scientists' Journal*. En aquella época, el público era muy receptivo y había muchos artículos que deseaban la llegada de la era nuclear. Luego surgió una nueva generación de periodistas científicos, que asumió esa tarea, de suerte que los científicos empezaron a sentir poco a poco que habían cumplido ya con su parte y podían regresar a los laboratorios. En la Asociación de Científicos Atómicos reinaba la agitación, y quienes se mantuvieron activos encontraron una nueva salida para su trabajo en el recién fundado movimiento Pugwash. La motivación que alienta tras este movimiento es que «un número creciente de científicos se está percatando de que tienen que compartir la responsabilidad de los gobiernos para utilizar el conocimiento con fines constructivos, de suerte que, más allá de los intereses de grupos y países individuales, los logros de la ciencia y la tecnología fomenten el bienestar de la humanidad como un todo en lugar de menoscabarlo». Originariamente, Pugwash se ocupó sobre todo del problema del desarme, pero con los años sus intereses se han ampliado y ahora abarcan todo el campo de la ciencia y los asuntos públicos.

Muchos debates abiertos durante mis años universitarios mostraron que hay otra área en la que a los científicos les compete una especial responsabilidad. Está extendida la impresión de que la ciencia ha dejado obsoleta a la religión tradicional. Se cree que la ciencia y la tecnología pueden ahora ofrecer respuestas a los problemas seculares que antaño se consideraban competencia de la religión. Cuando enfermamos, acudimos al médico, y ya no consideramos sensato rezar para que llueva ni, en realidad, para nada. El prestigio de la ciencia impresiona fuertemente a los jóvenes, quienes se alejan del cristianismo. Este es un problema que solo puede ser abordado convincentemente por cristianos con formación científica. Sin embargo, en modo alguno es fácil. Requiere conocimientos de ciencia, pero también de teología, así como de historia y filosofía de la ciencia. Por fortuna, la Newman Association organizó una serie de conferencias sobre teología, filosofía y filosofía de la ciencia impartidas por jesuitas del Heythrop College, y pude asistir a varios de estos cursos mientras hacía mis estudios de grado en Londres. También descubrí el grupo de filosofía de la ciencia de la Newman Association para católicos que querían estudiar tales problemas y me responsabilicé de la edición de su *Bulletin*. Hubo un tiempo en que contaba con varios cientos de miembros; pero, después de marcharme yo de Londres, declinó poco a poco. Estas actividades ocuparon, sin embargo, gran parte de mi tiempo y probablemente retardaron mi carrera, pero me dieron una perspectiva más amplia de la ciencia y de su lugar en la sociedad humana. Durante mis primeros años en Oxford, me centré ante todo en la investigación y la enseñanza, así como en las responsabilidades de una familia joven. Conservé mi interés por las relaciones de la teología con la ciencia y tuve la fortuna de conocer al P. Stanley L. Jaki, un sacerdote benedictino húngaro doctor en Teología Sistemática y Física Nuclear. Con los años, el P. Jaki ha escrito una serie de eruditas obras que cubren todos los aspectos de la materia y conforman una panorámica sólida y una inagotable fuente de información. En la actualidad existe un interés grande y creciente por la relación entre religión y ciencia. Grupos en numerosos países, como el Science and Religion Forum en el Reino Unido y la European Society for the Study of Science and Theology, organizan congresos y publican revistas. La John Templeton Foundation ha fomentado en gran medida estas actividades subvencionando conferencias, cursos y encuentros.

Es un gran privilegio poder pasar la vida en una universidad, dedicado a la investigación y la docencia, sin tener que preocuparme demasiado por las necesidades básicas. A pesar de todo lo que se afirme en sentido contrario, el ascenso profesional depende casi por completo de la investigación, de suerte que existe la tentación de escatimar esfuerzos en las tareas docentes. La experiencia muestra, sin embargo, que la docencia concienzuda es sumamente gratificante y a veces proporciona ideas útiles para la investigación. La actividad investigadora es una empresa cooperativa en la que unos aprendemos de otros. En el curso de los años he hecho muchos amigos en el mundo entero a través de la investigación, y tengo en alta estima estas relaciones.

Otra área de actividad comenzó cuando fui presentado a Nicholas Zernov, el fundador de la comunidad ortodoxa de Oxford. Su afable cortesía y su obvia santidad escondían una férrea devoción a la Iglesia y no desaprovechaba oportunidad alguna de llevar adelante sus planes. Algún tiempo después de nuestro primer encuentro, recibí una invitación para tomar el té con él y su mujer, Melitza. Sabedor de su forma de actuar, me preguntaba qué tarea menor tenía en mente para mí y me quedé perplejo cuando me ofreció presidir el consejo de la Orthodox House en Oxford. Así comenzó una prolongada –y por mí muy valorada– colaboración con la Iglesia ortodoxa. A través de mis amigos ortodoxos he llegado a conocer la espiritualidad profunda y la fe firme de estos cristianos. Recuerdo en especial una visita al monte Athos, hogar de un vigoroso y austero monacato. Los ortodoxos conservan una conciencia del misterio sagrado que con mucha frecuencia brilla por su ausencia entre los católicos. Tenemos mucho que aprender unos de otros, y nuestras creencias sobre los fundamentos de la fe son casi idénticas. La comunión entre ambas Iglesias es de hecho «tan profunda que le falta muy poco para que alcance la plenitud que permitiría la celebración común de la eucaristía del Señor»[5]. En sus orígenes, la escisión obedeció en gran medida a razones políticas, y su prolongación resulta terriblemente dolorosa. Debemos orar para que pronto se restablezca la unión plena.

Con frecuencia se oye hablar del papel del azar en nuestras vidas: «Me salvé por fortuna», «Lo conocí por casualidad», «La evolución se produjo por azar», etc., como si

---

5. *Catecismo de la Iglesia católica*, nro. 838.

el azar fuera un agente causal. Este modo de pensar cuenta en apariencia con el respaldo de la física moderna. Así, el principio de incertidumbre de Heisenberg se interpreta en el sentido de que el micromundo es inherentemente difuso y está gobernado por el azar; es más, Heisenberg afirmó incluso que la ley de causalidad había quedado definitivamente refutada. Argumentos adicionales a favor de la indeterminación del mundo se basan en la teoría del caos. Todo esto es rotundamente falso; cuando hablamos de azar, queremos decir que de momento no conocemos la causa. Esta interpretación errada de la mecánica cuántica procede de la injustificada suposición de que la mecánica cuántica es aplicable a cada sistema individual. En realidad, se trata de una teoría esencialmente estadística que permite predecir el comportamiento medio de un conjunto de sistemas similares. En esta perspectiva, las llamadas paradojas cuánticas desaparecen y la posibilidad de un micromundo por completo determinado permanece intacta. Esto es, de hecho, lo que esperaríamos de un mundo creado por Dios y dotado por él de las propiedades que determinan con exactitud su comportamiento. Aquí hablamos solo del mundo natural; los hombres poseemos libre albedrío, y nuestro ser no se agota en formar parte del mundo natural. Nuestras vidas no están gobernadas por el azar; lo que nos ocurre es conocido y permitido por Dios.

En la vida, uno se ve confrontado de cuando en cuando con oportunidades y decisiones, con esperanzas y deseos. Es natural suplicar aquello que queremos, y se nos asegura que la oración siempre recibe respuesta. Mi experiencia me dice que esto es del todo cierto, y que la respuesta suele ser «no». Con el paso del tiempo se hace patente que el «no» era la respuesta correcta. Si se me hubiera concedido lo que quería, el resultado habría sido desastroso. Dios moldea nuestra vida de forma mucho más segura que nosotros. Nos habla a través de las acciones de quienes nos rodean, a veces incluso a través de personas que pretenden dañarnos. Es mejor relajarse y tomar las cosas como vienen, sin pretender anticipar lo que aún queda lejos y tratando al triunfo y al desastre, esos dos impostores, por igual. Ya Newman lo dijo todo:

«Dios me ha creado para que le preste algún servicio concreto. Me ha encomendado alguna tarea que no ha encomendado a nadie más. Tengo mi misión: en esta vida nunca podré saber cuál es, pero se me revelará en la otra vida. De algún modo, soy necesario para los propósitos de Dios. Participo en su gran obra; soy un eslabón en una cadena, un vínculo de conexión entre personas. Él no me ha creado sin motivo. Haré el bien, llevaré a cabo su obra; seré un ángel de la paz, un predicador de la verdad en mi propio entorno, sin pretenderlo, siempre y cuando guarde sus mandamientos y le sirva en mi vocación.

Por consiguiente, confiaré en él. Sea lo que sea, esté donde esté, nunca seré desechado. Si estoy enfermo, mi enfermedad puede servir a Dios; si estoy perplejo, mi perplejidad puede servirle; si estoy apenado, mi pena puede servirle. Mi enfermedad, mi perplejidad, mi pena pueden ser causas necesarias de alguna finalidad grande, que nos trasciende con mucho. Él no hace nada en vano: puede prolongar mi vida, al igual que puede acortarla; él sabe lo que se trae entre manos. Puede llevarse a mis amigos, puede arrojarme entre extraños; puede hacer que me sienta desolado, puede abatir mi espíritu, puede ocultarme el futuro: aun así, él sabe lo que se trae entre manos»[6].

6. J. H. Newman, *Meditations and Devotions*, Longmans Green and Co., London 1893 [trad. esp.: *Meditaciones y devociones*, Edibesa, Salamanca 2007].

6

Rayos cósmicos y arañas de agua

STANLEY L. JAKI

La sociedad nos plantea exigencias extrañas a muchos de nosotros. Espera de los políticos que sean rectos, de los periodistas que sean veraces, de los hombres de negocios que sean honestos, de los clérigos que sean virtuosos y de los científicos que sean sabios universales. De quienes han pasado gran parte de su vida estudiando las relaciones entre ciencia y religión se espera que hagan lo imposible: demostrar la religión a partir de la ciencia. Eso no se puede hacer, y menos aún cuando la religión que debe ser probada permanece cuidadosamente indefinida. Nunca compensa tratar de dar consistencia a un jirón de nube. Pero decir esto es bastante arriesgado en una época en la que «jugar a ser Iglesia» se ha convertido en el signo distintivo de tener religión «madura», si bien no en algo autoritativamente definido sobre la madurez. No es de extrañar que aquel que reclamó para sí toda autoridad en el cielo y en la tierra sea subordinado a la autoridad de una «crítica superior» –el *higher criticism*, que es el nombre que se da en inglés a la crítica histórica–, cuyos defensores no ven más allá de sus narices.

Al hablar de ciencia hay menos riesgo de generar niebla. La razón es simple. En más de una ocasión, destacados físicos han acuñado frases concisas y expresivas que van a la esencia misma de la ciencia exacta, o sea, la física, el verdadero ideal que los cultivadores de otras ramas de la ciencia tratan de emular, con más o menos éxito. Una de tales frases es el dicho de Hertz: «La teoría de Maxwell es el sistema de ecuaciones de Maxwell»[1]. Para aquellos a quienes esto les resulte demasiado esotérico, he aquí la advertencia de Eddington de que la ciencia, término con el que se refiere a la física, «no es capaz de usar siquiera la tabla de multiplicar sin ayuda»[2]. Estas dos frases deberían hacer patente que en cualquier rama de la ciencia la cantidad de niebla es inversamente proporcional a las matemáticas –o precisión cuantitativa– que incorpora. Esta precisión, la precisión cuantitativa, hace que hablar de ciencia esté relativamente libre de riesgos.

Pero nada es tan arriesgado o erróneo como tratar de perorar sobre esta base acerca de cualquier otro asunto, incluida la religión. ¿Por qué debería esperarse de alguien que ha sido formado como físico y teólogo y ha estudiado durante toda su vida la relación entre ciencia y religión que demuestre la religión a partir de la ciencia? ¿No equivale eso a pedirle que abandone toda cautela? ¿Por qué pedirle que considere la religión, que suele dejarse sin especificar, con la clase de precisión que esta, la religión, no puede tener ni siquiera cuando está adecuadamente definida?

Así pues, aunque se deje por el momento sin definir específicamente la religión, seguirá siendo cierto que una religión (o su teología) que carece de cimientos propios sobre los que alzarse no merece ser apuntalada, y menos aún por la ciencia. De hecho, muchos años de estudio y reflexión me han llevado a pensar que, en lo relativo a la relación entre ciencia y religión, hay buenas razones para empezar por

1. H. HERTZ, *Electric Waves*, Dover, New York 1962, 21 [trad. esp. de una selección del orig. alemán de 1893: *Las ondas electromagnéticas*, Servei de Publicacions de la Universitat Autònoma, Barcelona 1990].
2. A. S. EDDINGTON, *Science and the Unseen World*, The Macmillan Company, New York 1930, 58.

una suerte de tratamiento de choque, que desde hace algún tiempo me gusta formular con un toque irreverente: «Lo que Dios ha separado, que no lo una el hombre». Por «unir», que es tarea humana, me refiero a fundir (en el sentido de fusionar) y, en último término, confundir. Y cuando hablo de separación, que tengo por obra divina, tan solo quiero decir que el abismo entre lo métrico y lo no métrico, o sea, entre lo medible y lo no medible no puede franquearse conceptualmente.

Las propiedades métricas o mensurables de cualquier cosa son el objeto básico y exclusivo de la ciencia, justo aquello a lo que alude el dicho de Hertz. La religión, por su parte, se ocupa de asuntos imponderables en el sentido de que no pueden ser medidos por calibradores, interferómetros o cualesquiera de los maravillosos instrumentos que la ciencia ha producido en asombrosa variedad. Ser una persona virtuosa y medir más de un metro ochenta no son propiedades mutuamente excluyentes, pero solo la estatura puede medirse. El carácter virtuoso de una persona puede ponerse en la balanza, pero la medida resultante es muy diferente de las que proporciona la ciencia. A menos que esta diferencia se tenga presente desde el inicio mismo cuando se diserta sobre la relación entre ciencia y religión, todo lo que se diga no será sino un esfuerzo por dar consistencia a un jirón de niebla.

Con esto no pretendo sugerir que la intensa focalización en este punto haya sido un interés primordial para mí desde que empecé a escribir sobre la relación entre ciencia y religión. Los orígenes saben bien cómo ocultarse aun a la más aguda mirada retrospectiva. Pero guardo grabados con mucha claridad en la memoria dos detalles de mis años de estudiante que pueden servir como un punto de partida a la hora de esbozar mi itinerario hacia ese irreverente tratamiento de choque, aun cuando, por sí mismos, quizá señalen en una dirección muy diferente.

Ya a la edad de siete años sabía que quería ser sacerdote. Nunca tuve dudas serias al respecto, ni antes ni después de ser ordenado sacerdote de la orden benedictina. A los dieciséis sabía que también quería ser teólogo. Mi mente, sin embargo, se sentía atraída asimismo en otras dos direcciones. Una era la historia. En aquel entonces, al igual que ahora, me sentía insatisfecho con mi comprensión de cualquier asunto hasta que conocía su historia. Muchos años después descubrí que eso le ocurría también al que quizá sea el más penetrante intérprete de la ciencia exacta en la época moderna: Pierre Duhem (1861-1916). Su monumental obra es una prueba de que no se trata de una preocupación vana. Por otra parte, la clase de curiosidad que impulsa el interés científico me ha acompañado con mucha intensidad desde que era muy joven. Así, a los doce años entré a hurtadillas en un aula, en la que era el único que tenía menos de treinta años, para escuchar una charla sobre rayos cósmicos. Me quedó la impresión de que lo había entendido todo. Si en realidad comprendí algo, el mérito debe atribuírsele al conferenciante, un sacerdote benedictino que me enseñó matemáticas durante ocho años en el Instituto de Enseñanza Secundaria de mi ciudad natal, Győr, en Hungría. A la sazón no podía sospechar que veinte años más tarde haría, en otra parte del mundo, mi tesis doctoral en Física bajo la dirección del Dr. Victor F. Hess, el descubridor de los rayos cósmicos y premio Nobel de Física. A cualquiera que sienta fascinación por los rayos cósmicos no puede por menos de intrigarle el cosmos. Una parte no pequeña de mi trabajo sobre historia y filosofía de la ciencia terminaría teniendo por objeto el universo estelar.

Cinco años después de esa conferencia sobre los rayos cósmicos, el mismo padre benedictino, que también daba clase de Apologética a los alumnos del último curso en aquel instituto de secundaria, me pidió que leyera en voz alta a la clase, de un libro cuyo título no recuerdo, un pasaje sobre las arañas de agua. Pero pocas cosas sobresalen tan vivamente en mi memoria como ese pasaje. Casi cincuenta años más tarde, mi corazón saltó jubiloso, como transportado de regreso a mis lejanos años juveniles, cuando tropecé en un libro, *Biology for Everyman* [Biología para todos], de J. Arthur Thomson, con las siguientes líneas, que tanto me recordaron a aquel pasaje leído en húngaro:

«La araña de agua (*argyroneta natans*), que pasa la mayor parte de su vida bajo el agua, fabrica con su seda una suerte de tienda de campaña en el fondo del estanque, amarrándola a piedras y similares mediante hebras de seda a modo de tensores. A veces, el refugio se trenza entre las algas. Si la tienda reposa sobre el fondo del estanque, al principio es plana, pero la araña procede a hincharla con aire. Sirviéndose de una hebra especial, fijada al fondo, por una parte, y a algas que flotan en la superficie del estanque, por otra, la araña asciende hasta esta y captura aire en los pelos de su cuerpo. Al descender por esa misma hebra, cual gota de mercurio a causa de las burbujas de aire, la araña se introduce debajo de la sábana de seda y suelta el aire. Este es recogido por la sábana de seda; al cabo de muchos viajes, el nido se convierte en una especie de cúpula o campana de buceo, llena de aire seco. En esta extraordinaria cámara, seca pese a estar bajo el agua, la araña madre deposita sus huevos y son también incubadas las crías. La cúpula seca puede ser usada como refugio durante el invierno, cuando la araña permanece inactiva»[3].

El recuerdo de aquel pasaje nunca se desvaneció en mi recuerdo cuando el tema de la evolución cobró gradualmente para mí un interés absorbente, sobre todo porque no

---

3. J. A. THOMSON, *Biology for Everyman*, E. P. Dutton, New York 1935, 360.

entenderla de manera adecuada está destruyendo muchas mentes que merecerían mejor suerte. La visión evolucionista ha actuado como un gran obstáculo para hablar de forma inteligente sobre las relaciones entre ciencia y religión. Esto ha sucedido no solo porque el agnosticismo y el materialismo se han adherido al darwinismo desde sus orígenes mismos, sino también porque algunos autores han intentado proyectar la evolución en un escenario de autoperfección espiritual siempre ascendente. Ya mucho antes de que apareciera Teilhard de Chardin con su profuso lenguaje sobre un Punto Omega que las diligentes elaboraciones sobre el Punto Alfa no logran justificar, escenarios análogos habían sido propuestos a intervalos regulares casi desde el momento en que los varios miles de ejemplares de la primera edición de *El origen de las especies* se agotaron en el lapso de unas cuantas horas.

Dado mi énfasis en la radical diferencia conceptual entre lo métrico y lo no métrico, es inevitable concluir que semejante escenario no puede darse. Esta es una de las principales conclusiones que han ido cristalizando poco a poco en mi mente en el curso de más de cincuenta años de intenso interés por –y estudio sistemático de– ambas disciplinas, la ciencia y la religión.

Otra conclusión puede parecer positiva, pero solamente a quienes valoren una filosofía capaz de mantenerse en pie por sí sola, sin suplicar dádivas a la ciencia ni, lo que sería aún peor, a científicos que con frecuencia no saben casi nada de filosofía. Esto puede ocurrir incluso cuando un científico, como Einstein, concibe por instinto la realidad como existente con independencia del pensamiento humano. Pero cuando no está presente ese instinto, como en el caso de Niels Bohr, el resultado es simplemente patético, tanto en sí como en su destructiva capacidad de seducción. Piénsese en la orgía conceptual, revestida en los más esotéricos tecnicismos científicos, en la que se hace colapsar a la función de onda del universo por intervención del pensamiento consciente, aunque ninguna de tan instruidas mentes ha tratado nunca de hacer otro tanto con la función de onda de un lingote de oro, ni siquiera con la de un sándwich de dos pisos. Saber que los cerdos hambrientos no engordan por soñar con un montón de bellotas tiene más valor filosófico que estanterías de libros cuyos autores se enredan de forma cada vez más irremediable en las falacias lógicas que lastran el punto de partida de la filosofía de la mecánica cuántica defendida por la Escuela de Copenhague. Hace falta filosofía, no ciencia, para ver más allá de la superficie en la que la ciencia revela en creciente medida el enorme grado de especificidad del universo material. Especificidad es «talidad» [*suchness*]. Es la percepción de talidad lo que desencadena la indagación por las causas: ¿por qué tal cosa y no otra? No hace falta ser científico, por supuesto, para ver talidad allí dondequiera que haya conocimiento e indagación. Pero la talidad que la ciencia moderna nos revela sobre todos y cada uno de los aspectos de lo vivo y lo no vivo es sencillamente asombrosa. Piénsese solo en la doble hélice de las moléculas de ADN y en las propiedades de los quarks, que son estrictamente cuantitativas, aunque se denominen «sabores» y «colores». Tales especificidades, con las que podrían llenarse bibliotecas enteras, tienen una importancia filosófica que, en esta era de la ciencia, un teólogo solo puede ignorar a un coste muy elevado para él.

No me refiero al teólogo cuyo Dios es el precipitado de la teología del proceso, adorado en pacíficas protestas dominicales en piscinas [conocidas como *swim-ins*, una herencia de finales de los años sesenta] y saboreado mientras uno come frutos secos, queso y dátiles y bebe de un trago copas de oporto. La mística verdadera nunca se da sin un elevado grado de privación autoimpuesta. En ausencia de esta, se puede, en el mejor de los casos, *hablar* de mística e incluso de religión, ignorando el recordatorio de que uno debe ser un practicante de la palabra de Dios, no un mero oyente de ella, y menos aún un oyente desinteresado. Cuando hablo de teólogo, me refiero a aquel, instruido o no, cuyo Dios es el Padre celestial a quien hay que suplicar el pan de cada día, el perdón de los pecados, la capacidad de vencer las tentaciones, porque él es el único Padre en verdad omnipotente. El término «omnipotente» significa, sin embargo, que es el creador del cielo y la tierra o, dicho de otra forma, de todo lo que hay en el universo, en el sentido más general. El Hijo, lógicamente, tiene su lugar aquí como «salvador de la ciencia», expresión que da título a un libro mío que escribí bastante tarde, pero quizá no demasiado tarde, en el curso de mis meditaciones sobre la relación entre ciencia y religión. Nada malo hay en ello, siempre que «evolución» signifique maduración y no sea sinónimo de sacarse un conejo de la chistera mediante, digamos, mutaciones gigantes. Tales gigantes, no más reales que los siete enanitos, no pertenecen a la génesis de la teología y a la ciencia de la genética.

De hecho, el Hijo debería entrar en escena ahora, ya sea brevemente, porque el Padre creó todo en su Palabra, el Logos. Tal es la razón por la que el universo tiene que ser enteramente lógico. Si los historiadores de la ciencia, tan celosos en la identificación de puntos de partida triviales, supieran que no fueron los griegos, sino san Atanasio, tan terriblemente ultramundano para ellos, quien –en su lucha contra los arrianos– formuló la racionalidad plena del universo material, una buena parte de la supuesta oposición entre ciencia y religión se desvanecería como la niebla matutina. Por supuesto, también algunos teólogos que se ocupan de la relación entre ciencia y religión deberían hacer algo de introspección. Me refiero a aquellos que han heredado una aversión por el dogma atanasiano o, mejor, niceno de la consustancialidad de la Palabra solo porque el término «consustancial» no aparece en la Biblia. Sin embargo, la Biblia enseña que el Padre creó todo en el Hijo. Un Hijo así tiene que ser totalmente divino, porque ni siquiera un Dios omnipotente puede delegar su poder creador a una mera criatura, por mucho que haya sido elevada.

Primero, pues, la creaturidad del universo. El reconocimiento de este hecho es el mínimo necesario para que exista una religión que incluya la oración a un Dios personal. El teólogo, si es instruido y lógico (por desgracia, estas dos cualidades ya no tienen por qué darse juntas), debe afirmar que la razón es capaz de inferir con seguridad la existencia del Creador. La ciencia puede prestarle gran ayuda, siempre que él sepa qué es lo que está haciendo cuando infiere la realidad de algo que no ha visto. El término «inferencia» es decisivo, porque todo conocimiento humano no referido a realidades experimentadas directamente, por así decir, en la planta baja, apunta a planos superiores, a realidades captadas por ascenso mental –o sea, mediante inferencias–, a la segunda planta, incluso a plantas superiores. El conocimiento humano es una montaña de siete pisos, y el número siete simboliza la perfección que acompaña a cualquier comprensión de la existencia de Dios a través de inferencias sólidas.

Hasta aquí lo relativo a la afirmación de que gran parte de nuestro conocimiento (incluso en la ciencia) es un conocimiento inferencial, y lo es mucho antes de que Dios, lo supremo, se convierta en objeto de inferencias razonadas. Si no se tiene esto presente y no se conservan los pies en el suelo –o en el primer piso, donde se recogen los datos para inferencias de nivel superior–, uno se sentirá intimidado por las afirmaciones de los cosmólogos modernos en el sentido de que su pericia les capacita para crear universos enteros literalmente de la nada. Es evidente que entonces uno puede jugar no solo a ser Iglesia, sino también a ser Dios. Tal es el cénit de la nueva reforma, alcanzado por un abuso descarado de la ciencia.

El desventurado pensamiento sobre la mecánica cuántica no hace sino ponerle la guinda al pastel que empezó a ser horneado hace doscientos años por quien quizá sea el más consumado camaleón de toda la historia de la ciencia. Me refiero a Laplace, quien fue mutando convenientemente para permanecer en la cresta de la ola a medida que la monarquía cedió paso a la Convención, la Convención al Terror, el Terror al Directorio, el Directorio al Imperio y el Imperio a la Restauración. Espero –y rezo para– que el relato de su arrepentimiento en el lecho de muerte sea cierto. No hay razón más sólida para creer en Dios que su infinita misericordia. Esto, sin embargo, supone que uno se desvincula primero de esa humanidad moderna que considera la condición caída del hombre su estado saludable, de suerte que uno puede gloriarse desvergonzadamente de su propia vergüenza.

Las famosas palabras de Laplace: «No necesito esa hipótesis», pueden ser expresión bien de ciencia sólida, bien de algo profundamente precario desde un punto de vista filosófico. Hace doscientos años, Laplace vendió la idea de que el mundo físico que hoy conocemos, sumamente específico, evolucionó a partir de una nube primordial indefinida o vaga, de la que tan solo sabía que era de hecho en extremo indeterminada. Cuando pronunció estas palabras en 1801, Laplace no sentía aún la necesidad social de profesar la fe en Dios. Sin embargo, no tenía que ser filósofo para darse cuenta de que una entidad sobremanera indefinida nunca suscita interrogantes sobre su indefinición, justo porque raya en lo indeterminado. Si la entidad supuestamente originaria, una nebulosa cósmica, es así de indistinta, entonces automáticamente se insinúa como esa entidad última acerca de la cual ya no se formulan preguntas. Tal es la pseudocientífica sentencia de muerte que el panteísmo le dicta a la teología natural.

El carácter implícitamente «ateo» o más bien «panteísta» del razonamiento de Laplace terminó siendo explicitado por Herbert Spencer, quien narró cuentos filosóficos de hadas sobre la evolución de lo no homogéneo a partir de lo primordialmente homogéneo. Como ya hemos señalado, la indagación, la curiosidad, la búsqueda de causas se desencadenan por la percepción de talidades o especificidades. Ahora bien, si el estado primordial se concibe como del todo homogéneo (indefinido), no incitará a preguntarse por qué es tal cosa y no otra, puesto que lo que se supone absolutamente homogéneo carece de talidad. Por consiguiente, empieza a presentarse como el límite último en inteligibilidad y ser. Esta es, en esencia, la lógica del moderno materialismo y ateísmo científico. No hay manera de oponerse a él, a no ser que se eche mano de los fundamentos de epistemología. De lo contrario, no es posible contrarrestar la guinda que se le pone al pastel cósmico, que afanosamente hornean algunas luminarias de la cosmología cuántica.

Lo que estos deberían decir es más bien que la cosmología científica moderna muestra a través del espacio y el tiempo un universo que no puede ser más diferente del universo que se originó a partir de un estado primordial indeterminado. Todo cuanto la ciencia observa sobre la realidad física, relativo ya a su estado actual, ya a su estado remoto, es especificidad. El teólogo filosóficamente sensible puede y debe utilizar estos resultados científicos para reforzar su inferencia sobre la existencia de un creador. Pero no debería bajar la guardia, no vaya a terminar suponiendo que la ciencia llevará a cabo la inferencia por él. La ciencia, «que no es capaz siquiera de usar la tabla de multiplicar sin ayuda», no puede decir nada sobre la causalidad ni sobre las cosas reales; tampoco está en condiciones de probar que exista una totalidad de cosas en sentido estricto, un universo. La ciencia, incluida la cosmología einsteniana, no puede hacer

nada de esto por una razón muy sencilla: las verdades científicas requieren verificación experimental. Pero ningún científico ni ningún instrumento científico pueden ser transpor-
tados más allá del universo para observarlo, verificándolo
así científicamente. La verificación del universo es una tarea
eminentemente filosófica.

Esta tarea se puede llevar a cabo, como argumenté en
las Forwood Lectures que dicté en la Universidad de Liverpool en 1992, disponibles como libro con el título: *Is there a
Universe?* [¿Existe un universo?][4]. El juvenil, pero genui-
no entusiasmo por los rayos cósmicos tenía que traducirse
en una resolución de comprender las razones que justifican
el empleo de la palabra «universo» o «cosmos». Tres años
antes, en las Farmington Institute Lectures que impartí en
Oxford, recogidas luego en *God and the Cosmologists* [Dios
y los cosmólogos], ya había desarrollado esta nueva forma
de argumento cosmológico[5]. Sin embargo, debo de haberlo
propuesto con claridad en otras obras anteriores, como en
las Gifford Lectures, *The Road of Science and the Ways to
God* [El camino de la ciencia y las sendas hacia Dios][6];
pues, de lo contrario, el anuncio del Premio Templeton de
1987 no lo habría mencionado como una de las razones por
las que se me concedía el galardón.

Otra razón por la que se me concedió este premio fue mi
investigación del marco básico de referencia en el que puede
abordarse con sentido la relación entre ciencia y religión. El
aspecto principal de tal marco de referencia es el estatuto

4. Cf. S. L. JAKI, *Is there a Universe?*, Liverpool University Press,
    Liverpool 1993.
5. Cf. ÍD., *God and the Cosmologists*, Scottish Academic Press, Edinburgh
    1989; nueva ed. rev. y ampl., 1998.
6. Cf. ÍD., *The Road of Science and the Ways to God*, University of
    Chicago Press, Chicago 1978.

singular de la categoría de cantidad entre todas las demás categorías del pensamiento, tal como las enumera Aristóteles en las *Categorías*. Menciono a Aristóteles con cierto temor, a causa del extendido prejuicio de que algo que se señaló hace más de dos milenios no puede ser cierto, máxime si lo señaló él. De hecho, una buena parte del programa filosófico moderno tiene como objetivo, en cierto sentido, mostrar que las cualidades –la acción, la pasión, los accidentes de la sustancia, etc.– son reducibles a cantidades. Esta es una de las tesis principales de la izquierda y la derecha hegelianas. Los positivistas lógicos afirman algo muy semejante cuando restringen el sentido a aquellos enunciados que pueden ser tratados a la manera de las matemáticas. De ahí el formalismo de la lógica simbólica –que, por cierto, no es capaz de probar siquiera la realidad de un libro–, lleno de símbolos, extrañamente parecidos a los de los operadores matemáticos.

De nuevo, ha sido solamente en los últimos años cuando esta diferencia entre la cantidad y las demás categorías ha pasado a ocupar un lugar central en mi pensamiento sobre la relación entre religión y ciencia. Me pregunto qué pensarían los ingenieros de instrumentación óptica de la conferencia que leí en su populosa reunión anual celebrada en Orlando (Florida) el 14 de abril de 1996 y que llevaba por título: «Words: Blocks, Amoebas, or Patches of Fog? Artificial Intelligence and the Foundations of Fuzzy Logic» [Palabras: ¿bloques, amebas o jirones de niebla? La inteligencia artificial y los fundamentos de la lógica difusa][7]. A menos que los promotores de la inteligencia artificial tengan en cuenta esa diferencia, nunca entenderán por qué sus proyectos de máquinas pensantes seguirán siendo siempre, de hecho, muy difusos.

---

7. Cf. ÍD., «Words: Blocks, Amoebas, or Patches of Fog? Artificial Intelligence and the Foundations of Fuzzy Logic»: *Proceedings of the International Society for Optical Engineering* 2761 (1996), 138-143.

Esta idea la había explicitado ya en el capítulo quinto, «Language, Logic, Logos» [Lenguaje, lógica, logos], añadido a la segunda edición (1989) de mi libro *Brain, Mind, and Computers* [Cerebro, mente y ordenadores] cuya primera edición recibió el premio Lecomte du Noüy. No sé si este punto estaba entre los que tenía en mente el autor de *Gödel, Escher y Bach*, que emite en él un voto cargado de emociones a favor de la inteligencia artificial, cuando escribió en ese libro que yo había hecho algunas observaciones dignas de ser tomadas en consideración. Pero nunca llegó a hacerlo, ni siquiera a enumerarlas. Así es el nuevo estilo de investigación académica: la mera referencia a un problema, sin ni siquiera ponerle nombre, pasa por su resolución exitosa. No hubo ninguna verdadera réplica a *Brain, Mind, and Computers*, aunque nada menos que Herbert Feigl subrayó la necesidad de que la hubiera. Según parece, dije algo muy importante que no puede ser atacado salvo con un bumerán.

El Prof. Feigl era ya en aquel entonces –y siguió siendo– uno de esos eruditos, contadísimos en número, que nunca intentan desestimar investigaciones solo porque vayan acompañadas de una ideología diametralmente opuesta a la suya. Eso caracterizó también su reacción al manuscrito de mi primer libro importante sobre la relación entre ciencia y religión, *The Relevance of Physics* [La relevancia de la física, 1966], que leyó por encargo de la University of Chicago Press. Ese libro contiene pasajes que anticipan mis observaciones posteriores sobre el carácter extrañamente limitado de las nociones cuantitativas. El significado más amplio de esta constatación es, desde luego, que la ciencia es en gran medida irrelevante para la mayor parte de aquello de lo que se ocupa la cavilación humana. De esto hay que tener clara conciencia si uno quiere hablar con sentido sobre la relación entre ciencia y religión en vez de exponer sueños indigestos sobre la fusión de ambas o sobre su radical contraposición.

Sencillamente son diferentes y nunca dejarán de serlo, por muchas acrobacias mentales que se hagan. Aquí radica otra de las razones por las que Duhem me resulta tan afín en alma y mente. Si no hubiera logrado más que desenterrar, mediante una heroica investigación, el origen medieval (y distintivamente cristiano) de la ciencia moderna, ya con eso habría inmortalizado su nombre en los anales auténticos de la historiografía de la ciencia. Duhem, además de un físico teórico de primera categoría, fue el más destacado de los sanos intérpretes filosóficos de la física. Me tropecé por primera vez con su intelecto sobresaliente y su carácter noble cuando una breve biografía suya, escrita por su hija, cayó en mis manos. Bueno, si ni un gorrión cae al suelo sin que lo quiera nuestro Padre celestial, este debe tener algo que ver con los momentos y lugares en que tal o cual libro caen en las manos de uno. Y aquello ocurrió justo a tiempo, porque poco después oí a una de las principales luminarias entre los historiadores de la ciencia todavía vivos ridiculizar el interés por la ciencia medieval como una afición de católicos y, en especial, de curas, como Duhem. Se sofocó cuando le dije, en presencia de un público numeroso, que una de las principales fuentes sobre Duhem es un libro escrito por su única hija.

Poco después (hacia 1961) leí la segunda edición de *La théorie physique* de Duhem (1914), disponible asimismo en traducción inglesa como *The Aim and Structure of Physical Theory* [hay trad. esp. del orig. francés: *La teoría física: Su objeto y su estructura*]. Uno de los dos añadidos a esa segunda edición consiste en lo que tal vez sea el mejor artículo de Duhem: «La física de un creyente». En él, Duhem comienza respondiendo a la acusación de un crítico de la primera edición de 1906 (Abel Rey) de que su filosofía es «la de un creyente». «Por supuesto –escribe Duhem en respuesta y refutación–, creo con toda mi alma en la verdad que Dios nos ha revelado y que nos ha enseñado a través de su Iglesia. Nunca he ocultado mi fe, y en el hondón de mi corazón confío en que aquel que es mi sostén me guardará de avergonzarme jamás de esa fe; en este sentido, puede decirse que la física que cultivo es la física de un creyente»[8].

Yo, que soy filósofo e historiador de la ciencia católico, sobre todo de la física, la astronomía y la cosmología, nunca habría sido capaz de formularlo ni remotamente tan bien como lo hizo Duhem. Y podría continuar con Duhem, quien con razón señaló aquí y allá que no era ese el sentido en el que su crítico etiquetaba su física como «la física de un creyente». Ese crítico, para quien era inconcebible que pudiera existir una epistemología entre los extremos del empirismo (positivismo) y el idealismo, acusaba al físico francés de inyectar religión a la física, cabalmente porque transitaba entre tales extremos o, mejor, abismos mentales. El hecho de que la metafísica realista, el camino epistemológico intermedio emprendido por Duhem, pudiera ser tomado por mística –y en consecuencia, por religión– pone de manifiesto algo de la oscuridad reinante en el mundo académico secular en el tránsito del siglo XIX al XX. Del mismo modo, algunos de mis críticos, incapaces de ver el terreno intermedio e igual de ciegos, por tanto, para algunos de los hechos destacados de la historia de la ciencia, se complacen en rechazar mi trabajo como obra de un católico. Esta ceguera la han heredado como un rasgo básico de la cultura occidental posilustrada, macerado en el desprecio por la Edad Media. Al fomentar este desdén, que a menudo muta en odio, los herederos de la Reforma se han convertido en extraños aliados de Voltaire, Diderot, Hume, Gibbon, etc. Para estos dos bandos, si bien

---

8. P. Duhem, *The Aim and Structure of Physical Theory*, Princeton University Press, Princeton 1954, 273-274 [trad. esp. del orig. francés: *La teoría física: Su objeto y su estructura*, Herder, Barcelona 2003].

por razones distintas, nada era tan decisivo como pintar la Edad Media lo más negra posible. Una táctica peligrosa, porque impide al historiador secular ver hechos claros y ampliamente documentados de la historia científica e impide al erudito protestante ver la lógica interna del «juicio privado». No mencionaría esto si un prominente teólogo protestante, que se interesa mucho por la ciencia, no hubiera compartido conmigo su preocupación por esa lógica. Sus palabras, pronunciadas en la más estricta privacidad, todavía resuenan en mis oídos: «El protestantismo conduce por lógica al naturalismo». No es que con ello dijera nada nuevo.

En contra de las expectativas de ese crítico suyo, Duhem llegó a ser célebre entre los filósofos de la ciencia, al menos en el sentido de que siguieron tomando numerosas ideas de él, sin reconocerle el más mínimo crédito. Hay mucha materia de reflexión en las escasas líneas de una postal que Lakatos envió a Feyerabend, en las que afirma que toda la filosofía de Popper es un refrito de la de Duhem. Esto, por supuesto, solo es cierto en el sentido de que Popper y otros tomaron prestado parte del método de Duhem sin refrendar con él la única ontología (metafísica realista) que garantiza que el método trata con la realidad, no meramente con los cálculos de los físicos y las ideas de los filósofos de la ciencia sobre esos cálculos, que con demasiada frecuencia no son capaces de seguir.

Al referirse a esa postal, Feyerabend dio la impresión de que era plenamente consciente de su deuda con Duhem. Quizá lo fuera, pero en sus obras impresas no hay el menor atisbo de ello. Así es la objetividad académica, cuyos cultivadores, una vez ganada una cátedra prestigiosa, pueden cometer impunemente asesinatos conceptuales. Igual de revelador es un aspecto de la filosofía de la ciencia de Kuhn, que el autor de una tesis doctoral sobre la obra de este señaló hace unos veinte años: las principales tesis de Kuhn están todas ya en Duhem, salvo, por supuesto, esa irracionalidad que destroza las ideas de Kuhn sobre las revoluciones científicas como tantos otros drásticos cambios de paradigma de la mente humana. Como hijo leal de la Iglesia católica, que es la continuidad encarnada, Duhem nunca habría especulado con discontinuidades radicales en religión (teología), filosofía ni ciencia. Esta es –entre otras, de las que enseguida hablaré– la razón por la que Duhem es un *Uneasy Genius* [Genio incómodo], expresión que da título a la monografía de medio millón de palabras que le dediqué en 1984[9].

He sido, de hecho, tratado una y otra vez con displicencia como historiador y filósofo de la ciencia «católico» (y, por si fuera poco, jesuita, algo que, al pertenecer a la orden benedictina, no soy). Esto debería ser bastante comprensible. En esta época, en la que la ciencia es utilizada por cualquier hijo de vecino para conferir respetabilidad a sus ideas, pocas cosas pueden contrariar tanto a un protestante como dos tesis mías. Una de ellas, a la que luego volveré, es que la ciencia creativa siempre ha estado vinculada con una epistemología del camino intermedio, incompatible con el ockhamismo heredado por los reformadores. Esto resulta, por supuesto, difícil de entender en esta época en la que algunos teólogos protestantes que divorciaron su campo de la filosofía han ganado una elevada reputación, al menos por un tiempo. La lógica nunca puede ser exorcizada definitivamente.

La otra tesis, la del origen medieval de la ciencia moderna, es más fácil aún que sea recibida con contrariedad, sobre todo por aquellos protestantes, de corazón o de boquilla, que se aferran a la idea –cual si fuera un salvavidas en esta era

---

9. Cf. S. L. Jaki, *Uneasy Genius: The Life and Work of Pierre Duhem*, Nijhoff, Dordrecht 1984.

de la ciencia– de que la ciencia se originó bajo la influencia espiritual de puritanos, quizá con Lutero y Calvino. Estos últimos fueron meros sembradores de misterio, el primero rudamente, el segundo sutilmente, en su interpretación de Gn 1, texto que todavía hoy es una piedra de toque para saber si uno habla con sentido o no sobre la relación entre ciencia y religión. Aquellos a quienes esta afirmación les parezca escandalosa quizá deseen consultar mi monografía, *Genesis 1 through the Ages* [Génesis 1 a través de los siglos, 1992], una historia de las interpretaciones del primer capítulo del Génesis[10]. Sobre ese capítulo del primer libro bíblico, un clérigo protestante amigo mío, quien durante muchos años fue capellán de la Marina, dijo suspirando en una ocasión: «¡Ay, ojalá ese capítulo no estuviera en la Biblia!». Aunque tiene mi libro desde hace años, todavía no se ha animado a leerlo. ¡Recuerda, querida lectora, querido lector, a quienes se negaron a mirar por el telescopio de Galileo!

Reunir pruebas sobre los orígenes medievales cristianos de la ciencia tampoco satisfará a los musulmanes. Para ellos, nada resulta tan molesto en esta era de la ciencia, que asiste a la tecnologización de sus países nativos, como esos orígenes. Lo mismo es cierto de los hindúes. Nehru se convirtió en un hazmerreír al afirmar que el moderno espíritu científico floreció primeramente en la antigua India. Uno de los fundadores de la India moderna, Nehru pensaba que el país tenía que estar adornado también con la ciencia. Bastante más hindú era Gandhi, quien censuró una y otra vez las preocupaciones científicas. En cualquier caso, en una de mis conferencias en Oxford, un grupo de musulmanes sentados entre el público se levantaron de repente y gritaron

10. Cf. ÍD., *Genesis 1 through the Ages*, Thomas More Press, London 1992.

toda suerte de invectivas contra mí. Uno de ellos, con el
puño en alto, vilipendiaba mi libro, *Science and Creation:
From Eternal Cycles to an Oscillating Universe* [Ciencia y
creación: de los ciclos eternos al universo oscilante][11]. No es
de extrañar. El libro trata del aspecto más obvio, pero también más ignorado de la historia de la ciencia: los reiterados
partos fallidos de la ciencia en todas las grandes culturas antiguas (maceradas sin excepción en el panteísmo) y su único
parto viable en el Occidente cristiano.

Ese parto viable fue desencadenado por una chispa indis-
pensable, la formulación de la idea de movimiento inercial
por Buridán alrededor de 1348. Ahora bien, Buridán era parte del Occidente cristiano, donde el monoteísmo dominante
era el monoteísmo cristiano; en otras palabras, el único Dios
en el que se creía era el Dios que nos envió a su Hijo unigéni-
to y, de hecho, creó todo en él. Por lo tanto, el Logos, esta racionalidad infinita, no podía crear sino un mundo plenamente
racional, algo que ya subrayó Atanasio en su lucha contra los
arrianos. Estos tienen, por cierto, numerosos seguidores en la
actualidad entre los teólogos cristianos «ilustrados», quienes
andan muy ocupados rehabilitando a Arrio, el peor de todos
los heresiarcas. Pero puesto que el Hijo era el «único engen-
drado», *monogēnés*, *unigenitus*, privó de ese rango al cosmos, el *tò pân* o universo, que todos los griegos y romanos
antiguos consideraban la única emanación engendrada del
Primer Principio. Baste con esto sobre la matriz teológica
de la que saltó la chispa de Buridán, a manera de ilustración de las palabras de Cristo: «Buscad primero el reino de
Dios y todo lo demás se os dará por añadidura». Para más
detalles sobre la cuestión, el lector de este capítulo quizá

---

11. Cf. S. L. JAKI, *Science and Creation: From Eternal Cycles to an
    Oscillating Universe*, Scottish Academic Press, Edinburgh 1987.

desee buscar en una biblioteca mi libro, *The Saviour of Science* [El salvador de la ciencia], agotado desde hace años. Los historiadores de la cultura aún tienen que ver e intentar digerir esa chispa, de la que Duhem fue el primero en percatarse. Y luego deben apartarse de los prejuicios heredados y los intereses creados, incluidos los lujosos emolumentos académicos, el acceso fácil a editoriales prestigiosas, fundaciones ricas, etc. ¿Por qué? No estará de más contar un detalle personal. Algunos meses después de que la University of Chicago Press publicara el primero de mis libros principales, *The Relevance of Physics* (1966), pasé de viaje por Chicago y me acerqué a la editorial a saludar. Después de mi visita, un pez gordo de la editorial le dijo a un amigo mío, profesor de la Universidad de Chicago, que «es una pena que el padre Jaki viniera vestido con alzacuellos». «¿Por qué?», preguntó mi amigo (no católico), sin dar crédito a lo que oía. «Porque si viniera vestido con una americana, nos postraríamos ante él», fue la explicación. No tengo razón para dudar de la veracidad literal de este relato.

Para entonces, el manuscrito del libro había sido rechazado por seis importantes editoriales, unas académicas y otras comerciales. Sin embargo, una figura de la física moderna de la talla de Walter Heitler escribiría luego, en una reseña en *American Scientist*, que el libro constituía el largo tiempo esperado remedio contra las diversas interpretaciones erróneas de la física y debía ser leído por todos los físicos. Herbert Feigl, el tercer lector del manuscrito para la University of Chicago Press, escribió en su informe que el autor muestra en cada página una erudición imponente. Esto, sin duda, contrarrestó la perplejidad del segundo lector, que no sabía qué hacer con el libro.

Un año después de la publicación de *The Relevance of Physics*, el primer lector me escribió una larga carta, a la que añadió una copia del informe que había presentado a la editorial. Comenzaba su carta diciendo que su principal problema con el manuscrito había sido el miedo a alabarlo en exceso. Pero no había podido resistir la tentación de concluir su informe citando las palabras de Agripa a Pablo: «¡Por poco me convences para que me haga cristiano!». El autor del informe me confesó que él, catedrático de Ingeniería Eléctrica en una gran universidad del Medio Oeste estadounidense, era un judío agnóstico que buscaba desesperadamente el sentido de la vida.

En todo el libro no hay ningún alegato a favor de Jesucristo, salvo quizá uno muy indirecto al final. Ahí cito la frase de Whitehead de que únicamente el nacimiento del Niño en el pesebre ocasionó un revuelo en la historia mayor que el de la ciencia. Entonces, ¿por qué no le había impresionado a aquel catedrático de Ingeniería Eléctrica la frase de Whitehead, aunque a buen seguro la conocía desde hacía años? Obviamente porque Whitehead, hijo de un clérigo de la Iglesia de Inglaterra, había dejado de creer en el Niño justo cuando más habría necesitado esa fe en él, en algún lance de la Primera Guerra Mundial en el que uno de sus hijos se convirtió en una más de las incontables víctimas del conflicto. Esta pérdida de la fe transpira por doquier en el libro más leído de Whitehead, *La ciencia y el mundo moderno*, que contiene esa impagable frase suya.

Menos de un año después de que se publicara *The Relevance of Physics*, recibí por correo un sobre grande. Contenía una separata de un artículo de la revista *Life* sobre una empresa californiana: a cambio de cinco mil dólares (una suma importante en 1967), la empresa congelaría y almacenaría mi cadáver y, descongelándolo luego en un momento especificado por mí, me devolvería a la vida. La carta que acompañaba la separata aludía a mi reciente obra, con el comentario de que era muestra de una mente muy inteligente. Tal vez, pero esos vendedores obviamente no la habían leído. Si lo hubieran hecho, no se habrían puesto en contacto conmigo. La mitad del libro trata de la fundamental irrelevancia de la física, la más exacta de todas las ciencias, para la biología (sí, para la biología en cuanto se ocupa de los seres vivos, no de meras moléculas en movimiento), la filosofía, la teología y las inquietudes culturales básicas. Solamente la otra mitad, la primera, trata de la limitada relevancia de la física incluso dentro de su propio ámbito.

Pero tampoco algunos lectores muy competentes de *The Relevance of Physics* captaron su mensaje, un mensaje dirigido contra el núcleo del cientificismo, o sea, contra la tesis de que el método de la ciencia es la única actividad racional y todo lo que no pueda ser evaluado dentro de sus términos debe ser irracional o simplemente falso. Ahora bien, si el cientificismo es válido, la religión –término que para mí *no* significa, esto quiero dejarlo claro, «esteticismo superior» (*higher estheticism*)– carece de sentido. De ahí que, como creyente, haya de tener un interés vital en mostrar la limitada validez del método de la física, la más exacta de las ciencias, cabalmente porque el cientificismo explota en gran medida ese método y abusa de él. Poner de manifiesto esa limitada validez es legítimo, sin embargo, aunque se haga al servicio de intereses religiosos, con independencia de consideraciones culturales más amplias. Para mostrar tal validez o relevancia limitada, me apoyé en considerable medida en afirmaciones realizadas a tal efecto por físicos. De las más de mil citas que contiene *The Relevance of Physics*, casi todas son de físicos. Nada es tan convincente de la relevancia limitada de la ciencia exacta como oírsela afirmar a físicos, antiguos y modernos. De hecho, el recensor del libro en la revista *The Atomic Scientist* no tuvo más remedio que admitir que «Jaki ha armado [*forged*, que también significa fraguar y falsificar] un libro potente». ¿Era esto una mal disimulada expresión de descontento por no poder decir que el libro era una falsificación [*forgery*]? A lo que parece, a algunos les golpeó en un punto muy sensible.

¿Y por qué no? ¿No se habían dejado ungir muchos científicos como pontífices de la era científica? No muchos premios Nobel tuvieron, cuando les notificaron la concesión del premio, la sensatez de decir algo parecido al comentario de mi querido amigo, el difunto Eugene Wigner. Todo un regimiento de periodistas, hambrientos de palabras sabias sobre cualquier cuestión pronunciadas por los augustos labios de un nuevo pontífice científico, se quedaron perplejos cuando le oyeron decir: «El premio no me ha infundido sabiduría universal».

Apenas nada del mensaje de *The Relevance of Physics* captó aquel funcionario de la American Scientific Affiliation que en una reunión de esta organización se refirió a él como un libro «en el que pueden encontrarse todos los inconsistentes argumentos de *lord* Kelvin a favor del éter». Las afirmaciones a las que alude ocupan menos de dos páginas de entre más de seiscientas. Son, por supuesto, muy educativas para quienes ven cómo la historia, incluida la historia de la ciencia, se repite. El encomio del éter (una entidad con propiedades contradictorias) se repite ahora en tributos análogos al vacío mecánico-cuántico, tan rebosante de energía que supuestamente realiza aquello que hasta hace bien poco se le atribuía en exclusiva al Dios omnipotente: crea universos literalmente de la nada. Es evidente que entre *esa* física y una religión distinta de un *esteticismo superior* no puede haber tregua, no puede existir diálogo. Los teólogos –por no decir nada de quienes se las dan de serlo– que piensan de otro modo son víctimas desafortunadas de confusión, de ignorancia o de ambas, lo cual hoy constituye, sin duda, una combinación «ganadora» cuando aparece revestida de especiosas referencias a la física moderna y a las filosofías de moda vertidas a su alrededor como gran cantidad de salsa tóxica.

Hasta qué punto se permite practicar esta discutible técnica merece ser ilustrado con un ejemplo reciente. Me refiero al esfuerzo del periodista de información religiosa del diario británico *The Independent* por minimizar los problemas creados a la Iglesia de Inglaterra por sus clérigos (y obispos) abiertamente homosexuales. Para redondear la farsa, ese esfuerzo apareció publicado también en el antaño católico semanario *The Tablet* (16 de noviembre de 1996). El autor comienza haciéndose eco de la tesis de algunos conservadores de que tales problemas, y otros cuantos, se le han presentado a dicha Iglesia a raíz de aprobar la ordenación sacerdotal de mujeres. Según el periodista, la conexión es bastante más sutil. La sutileza la toma prestada de la ciencia de la mecánica cuántica, de la cual solo conoce, como resulta evidente, algunos eslóganes: «La ordenación de mujeres influyó en las ideas anglicanas sobre autoridad de modo parecido a como se supone que una observación influye en una partícula subatómica en física cuántica. Lo que antes era una encantadora nube de probabilidades se vio forzado de repente a colapsar en un hecho mensurable, de posición precisa, si bien de velocidad desconocida». Un típico abuso desmedido de la física moderna en apoyo del ultramodernismo en religión o algo peor. Sin embargo, todo el que conozca la diferencia entre funciones de probabilidad (meras ideas) y hechos se dará cuenta de que lo que aquí opera, más que la sofisticación o la sutileza, es la argucia.

Antes de despedirme de *The Relevance of Physics*, debería decir algo sobre el difunto Abdus Salam, quien ganó el Premio Nobel en 1980 por su trabajo en física de partículas fundamentales y podría haber sido un recensor sumamente competente de ese libro mío. Se preguntó si tenía sentido desperdiciar estilo tan excelso durante tantas páginas discurriendo sobre algo que todos sabemos: que la física siempre es incompleta. Bueno, parece que, como físico de partículas fundamentales que era, no leyó más que el capítulo 4: «The Layers of Matter» [Los estratos de la materia], y este solo en parte. En ese capítulo, yo subrayo el carácter crónicamente esquivo del estrato último de la materia y cito a físico tras físico, antiguos y modernos, para documentar la convicción dominante entre ellos de que el estrato último de la materia se halla prácticamente a su alcance. Si Salam hubiese leído el capítulo anterior, se habría percatado de que contiene una gran novedad que muchos premios Nobel parecen desconocer. Enseguida diré algo más al respecto.

The Relevance of Physics era, en cierto sentido, un título inapropiado, si bien ingenioso, porque en aquella época *relevance* era *la* palabra que de inmediato concitaba el interés de cualquiera. Como he dicho antes, la segunda mitad del libro trata de la irrelevancia de la física; solo la primera parte se ocupa de su matizada relevancia dentro del ámbito que le es propio. Allí señalo en tres capítulos sucesivos que ninguno de los tres grandes tipos de física (organicista o aristotélica, mecanicista o newtoniana y moderna o esencialmente matemática) puede elevar la pretensión de ser la última palabra en física. Por lo que concierne a los dos primeros, esta es una afirmación *post mortem*, aunque sus detalles históricos son enormemente instructivos. El toque de difuntos por el supuesto carácter definitivo y final de la física moderna sonó ya cuando esta no había completado aún su primer cuarto de siglo. Me refiero a la presentación que Gödel hizo de sus teoremas de incompletitud ante la Academia de Ciencias de Viena en 1930.

Si mis estudios de historia de la física no me hubieran familiarizado con las locuras de los grandes científicos, me habría resultado imposible comprender que este teorema no fuera aplicado de inmediato a aquella física moderna cuyos protagonistas concebían el mundo como un patrón numérico. Tal aplicación tuvo que esperar toda una generación, hasta que tuvo lugar en *The Relevance of Physics*. La investigación que se plasmó en ese libro –en el que solo físicos, unos ya difuntos, otros todavía vivos, hablan sobre la física– me hizo ver con claridad que hasta los físicos son personas normales o, como se dice en inglés, se ponen los pantalones primero por una pierna y luego por la otra, como todo el mundo. (Algunos teólogos dan la impresión, en especial cuando profieren expresiones científicas, de que con capaces de levitar ocultamente y ponerse los pantalones introduciéndose de un salto en ambas perneras a la vez).

Por eso, mi único encuentro con el Prof. Murray Gell-Mann no me conmocionó; tan solo me asombró. Ese encuentro tuvo lugar en la Nobel Conference de 1976 en el Gustavus Adolphus College (St. Peter, Minnesota). Allí, ante una audiencia de unas dos mil personas, Gell-Mann aseguró que quizá en unos meses, pero con toda certeza al cabo de pocos años, sería capaz de esbozar la teoría final de partículas fundamentales y de demostrar asimismo que tal teoría tenía que ser necesariamente la teoría definitiva. Toda vez que formaba parte de la mesa redonda (junto a Victor Weiskopf, Steven Weinberg, Fred Hoyle y Hilary Putnam), pude intervenir antes de que se abriera a la audiencia el turno de preguntas. Así que sencilla, pero firmemente le dije al Prof. Gell-Mann que no iba a tener éxito en su empeño. Tal vez encontrara la teoría final, pero nunca podría estar seguro de que esa era *la* teoría final y, menos aún, de que lo era *de manera necesaria*.

¿Por qué no?, me preguntó en un tono que revelaba claramente que no le gustaba que le llevaran la contraria. Bueno, le dije alzando algo la voz, a causa del teorema de Gödel. ¿Qué teorema?, replicó, como si nunca antes hubiera oído hablar de Gödel. Y sospecho que así era. Unos meses después impartí una conferencia sobre cosmología en la Boston University. En ella argumenté, entre otras cosas, que, si los teoremas de Gödel son ciertos, no puede existir ninguna teoría cosmológica final y necesariamente verdadera. Después de la conferencia, uno de los asistentes se me acercó y me dijo que me había limitado a repetir lo que decía el Prof. Murray Gell-Mann. Ahora me tocaba a mi explotar: ¿qué?, pregunté incrédulo. Bueno, este señor me dijo que acababa de llegar de Chicago, donde había oído al Prof. Gell-Mann afirmar que, debido a los teoremas de Gödel, era imposible construir una teoría final de partículas fundamentales. Tras dar un grito ahogado, le relaté mi encuentro con Gell-Mann algo más de un mes antes en el Gustavus Adolphus College. Fue entonces mi interlocutor quien dejó escapar un grito ahogado de incredulidad. Pero todavía falta el remate de esta aleccionadora historia. Weinberg, que aún enseñaba en Harvard, regresó a esta universidad con Hilary Putnam, quien luego me contó que durante el viaje le dio a su compañero alguna información básica sobre los teoremas de Gödel, de los que aquel no tenía noticia hasta que me oyó hablar de ellos en el Gustavus Adolphus. Al parecer, también Hilary Putnam fracasó en su intento de hacérselos comprender. Uno puede buscar en vano en *El sueño de una teoría final* de Weinberg una sola referencia a los teoremas de Gödel, aunque estos tornan ilusorio cualquier sueño de tales características.

Mi vida o, más bien, mi experiencia de toda una vida dedicada a la relación entre ciencia y religión debe ser contada en gran medida mediante referencias a mis libros. En cierto sentido, ellos son mi biografía. Desde que empecé a escribir *The Relevance of Physics*, he pasado gran parte de mis días de trabajo –incluidos los domingos, algo por lo que pido perdón– investigando y escribiendo o, para ser más exactos, escribiendo y reescribiendo. Que el arte de escribir es reescribir lo aprendí justo después de empezar *The Relevance of Physics*, al poco de la muerte de Churchill. Más tarde, un importante tabloide neoyorquino reprodujo en su primera página un facsímil de un pasaje de uno de los famosos discursos que Churchill pronunció durante la guerra. El pasaje, pulcramente mecanografiado y perfecto en cuanto tal, estaba no obstante reelaborado a mano, y no en pequeña medida, por el propio Churchill. Al ver esto (más tarde me enteré de que John Henry Newman, otro gran maestro de la lengua inglesa, solía reescribir sus textos tres veces antes de darlos a la imprenta), superé el obstáculo psicológico de no ser capaz de escribir una página perfecta a la primera.

A partir de entonces, escribir se convirtió en una suerte de obsesión, perpetuada por el hecho de que la aparición de los procesadores de textos convirtió la reescritura, de otro modo tediosa, en una labor relativamente sencilla en comparación con el uso de bolígrafos y máquinas de escribir. No puedo evitar recordar que Pierre Duhem tuvo que escribir sus trescientas cincuenta publicaciones (incluidos treinta extensos libros) con pluma y tinta y con su mano derecha aquejada durante los últimos diez años de su vida del *crampe d'écrivain*, el calambre del escritor. A menudo tenía que sujetarse la mano derecha con la izquierda para poder seguir escribiendo. Afortunados de nosotros, que hemos vivido para ver la llegada de los ordenadores personales. Ellos han aumentado en gran medida mi productividad. Pero, habiendo escrito tantas páginas por un propósito superior, a saber, fortalecer a quienes creen en un Evangelio no diluido por una crítica histórica [llamada en inglés «superior», *higher criticism*] que se las da de ciencia, estoy seguro de que no me amenazará la desilusión que se adueñó de Herbert Spencer en sus últimos días. Al ver que sus amigos habían traído junto a su lecho los numerosos libros que había publicado a lo largo de su vida, se consternó por no tener hijos propios que le acompañaran en ese trance. Ciertamente, podría haber aprendido mucho de *Una pena en observación*, el apasionante relato de C. S. Lewis.

Pero esa productividad precisó de una intervención qui-
rúrgica para devenir por fin posible. A finales de 1953, una
difícil amigdalotomía me privó del uso efectivo de la voz
durante al menos diez años. Inmediatamente tuve que dejar
de dar clase y predicar. Solo escribiendo podía continuar
con la enseñanza, que para mí siempre es una forma de predicar. No digo esto para disculparme, ni por vergüenza. Tras
cuarenta años en el mundo académico, considero que este es
el principal hábitat de cría de una subespecie cuya designa-
ción más adecuada sería la de vertebrados sin carácter o sin
fuste [en inglés es un juego de palabras paradójico: *spine-
less vertebrates*, literalmente «vertebrados invertebrados»].
Carecen de carácter, de fuste intelectual porque se niegan a
admitir que, enseñando e investigando, predican. De hecho,
toda enseñanza es una suerte de apologética pura. La apologética es un alegato a favor de una idea, de una doctrina.
Afirmar que la actividad docente de uno está libre de todo
asomo de alegación a favor de algo equivale a practicar el
arte de no ver más allá de las propias narices.

Yo seguí alegando a favor de mis ideas, abogando por
ellas. Tras publicar *The Relevance of Physics*, di a la imprenta en forma de libro lo que originariamente estaba desti-
nado a no ser sino un capítulo de aquella primera obra titulado: «Physics and Psychology». Creció hasta convertirse en
Brain, Mind, and Computers [Cerebro, mente y ordenado-
res]. Una vez terminada esta tarea, pude dedicarme a algo
que me resultó muy placentero: escribir monografías sobre
la historia de la astronomía. Todas tenían como fin «ulte-
rior» ilustrar la crónica ceguera para lo evidente. Primero
vino *The Paradox of Olbers' Paradox* [La paradoja de la
paradoja de Olbers, 1969], la historia de cómo los astrónomos pasaron por alto, extrañamente, el significado físico de
la oscuridad del cielo nocturno. Dados ciertos supuestos,
del todo válidos durante los siglos XVII, XVIII y XIX, esa

oscuridad debería haberse interpretado como un fenómeno que contradecía la supuesta infinitud del universo, tesis esta que en el siglo XIX se convirtió en un dogma tanto científico como cientificista (o materialista).

Siguió *The Milky Way* [La Vía Láctea, 1972], cuyo subtítulo: *An Elusive Road for Science* [Un camino esquivo para la ciencia], es literalmente cierto. El hecho es que, mucho antes de que Thomas Wright diera en 1750 con la razón de por qué la Vía Láctea tiene la apariencia visual que tiene, ello debería haber sido explicado en detalle por Newton y otros. Y lo que es peor aún, esa explicación tuvo que ser redescubierta tres veces durante la segunda mitad del siglo XIX. La tercera monografía fue *Planets and Planetarians: A History of Theories of the Origin of Planetary Systems* [Planetas y habitantes de planetas: Una historia de las teorías sobre el origen de los sistemas planetarios, 1976]. Una historia muy accidentada, sin duda, en especial si se considera el callejón sin salida en el que Laplace, quien debería haber sido más juicioso, metió a la cosmogonía planetaria. El material de un capítulo adicional de esa historia se está desplegando ahora en la poco menos que deliberada omisión del sistema Tierra-Luna a la hora de estimar el número de civilizaciones extraterrestres. Si se introducen en la ecuación de Drake las consideraciones sobre lo improbable que es la existencia de un sistema planeta-satélite de tales características, la probabilidad de que una civilización con una tecnología semejante o superior a la humana haya evolucionado alrededor de alguna estrella de nuestra galaxia no sería de 10^4, sino quizá de 10^{-4} o incluso menor.

Este punto lo señalé ya en mi libro *God and the Cosmologists* [Dios y los cosmólogos] y lo desarrollé en mayor detalle en una ponencia leída en la reunión que la Academia Pontificia de las Ciencias dedicó en octubre de 1996 a la microevolución y la macroevolución. Fue esa reunión a la que

Juan Pablo se dirigió con una carta sobre la evolución que metió a los medios de comunicación en un torbellino creado por ellos mismos. El periodista del servicio internacional de la BBC que se puso en contacto conmigo en Roma quería al principio una mera entrevista de cinco minutos. Después de veinte minutos de conversación se desilusionó al darse cuenta de que ninguno de los titulares de los periódicos italianos era siquiera aproximadamente cierto. En suma, el papa no abrazó a Darwin, aunque saludó los avances más recientes en la ciencia evolucionista en tanto distintos de la ideología darwinista, que tiene como dogmas básicos el carácter no creado del universo y el perecimiento del alma con la muerte corporal. Cualesquiera que sean los pecados de la prensa italiana, no es precisamente una virtud que la BBC considerara que no merecía la pena difundir la verdad exacta de lo que había dicho el papa.

Procede decir aquí unas cuantas palabras sobre mi traducción al inglés de tres clásicos de la historia de la astronomía. Primero, *La cena de las cenizas* de Giordano Bruno (trad. ingl.: 1975), obra por la que Bruno habría merecido ser quemado por los científicos, o sea, por todos los copernicanos noveles, justo en el lugar y el momento en que la publicó en 1584. Luego, las *Cartas cosmológicas* de Lambert (orig. al.: 1761; trad. ingl.: 1976), en una edición que movió a su recensor en la revista *Scientia* (Milán) a decir que las notas, que ocupaban casi tantas páginas como el libro mismo, requerirían que se reescribiera la historia de la cosmología durante el siglo XVII y la primera mitad del XVIII. Y, por último, la *Historia natural del universo y teoría de cielo* de Kant (orig. al.: 1755; trad. ingl.: 1981). Este trabajo me resultó particularmente grato. Solo un tercio del libro es de Kant. Mi introducción y las notas añadidas ocupan los otros dos tercios. Muestran que, en materia de ciencia, Kant es un astuto impostor. Las pruebas que respaldan tal afirmación quizá despierten a quienes tienen en alta estima a Kant el filósofo por su supuesta pericia científica. Poner en su sitio a la ciencia y los científicos, pero sobre todo a algunos filósofos «científicos», ayudaría a crear un ambiente diáfano en el que el discurso sobre la religión no se vaya una y otra vez por la tangente para terminar en juegos de ingenio con meras ideas.

Algún tiempo antes de todo esto, en concreto en 1970 y 1971, escribí el ya mencionado libro *Science and Creation*. Mientras que los secularistas refunfuñaron (muchos de ellos historiadores de la ciencia), algunos autores de convicciones religiosas –entre otros, el recensor de la obra en el *Bulletin* del Victoria Institute de Londres– se mostraron entusiasmados. En efecto, si uno es lo suficientemente clarividente para percatarse de que el panteísmo es la única alternativa lógica a la revelación bíblica que culmina en Cristo, nada es tan mal recibido en esta era científica como la aserción de que el panteísmo fue la causa de los partos fallidos de la ciencia y de que solamente el monoteísmo cristiano posibilitó el nacimiento de la ciencia como criatura viable.

Paso ahora a hablar de mis Gifford Lectures, dictadas en la Universidad de Edimburgo en 1974-1975 y 1975-1976 y publicadas con el título *The Road of Science and the Ways to God* [El camino de la ciencia y las sendas hacia Dios]. (La invitación a impartirlas tuvo mucho que ver con el interés de mi amigo Thomas F. Torrance por mis escritos, desencadenado por la lectura de *The Relevance of Physics*). Ponerle este título a mis Gifford Lectures me enseñó, ciertamente, que los títulos largos no son pegadizos, por muy fielmente que reflejen el contenido del libro. Quizá debería haberlas titulado *Science and the Ultimate* [La ciencia y lo supremo], lo que también habría hecho justicia a su idea clave. En esas veinte conferencias sostengo que la elección que un científico o un filósofo hace en lo concerniente a lo supremo en inteligibilidad y ser determina, para bien o para mal, sus pronunciamientos científicos. Además, uno puede elegir a Dios como lo supremo únicamente si su epistemología permite el argumento cosmológico, que es muy distinto de las distorsiones que de él hace Kant, expresadas en parte en sus ineptas referencias a la ciencia. Hasta quince años más tarde no tuve oportunidad de argüir en detalle, en el curso de mis Forwood Lectures en la Universidad de Liverpool, que mientras que la ciencia es incapaz de demostrar la realidad del universo, la filosofía, y solo ella, puede hacerlo. Eso es lo esencial de esa serie de conferencias: *Is there a Universe?* Los cosmólogos deberían, por consiguiente, rebautizar su disciplina como «supergalactología» o algo parecido. Tal fue al menos la inferencia que de la obra extrajo un destacado astrónomo británico. La mayoría de los demás astrónomos todavía tienen que descubrir que engañan sutilmente a sus lectores cuando escriben libros sobre cosmología.

El Premio Templeton de 1987 tuvo algo que ver con esa invitación a Liverpool. Antes de eso, me ofrecieron la Cátedra Stillman en Harvard, pero la rechacé. Permanecí fiel a mi universidad, Seton Hall [en Nueva Jersey], simplemente porque pienso que los sacerdotes católicos no deben abandonar las universidades católicas por otros lugares más prestigiosos a ojos del mundo. Un sacerdote católico no debería perder de vista la advertencia bíblica de que un hombre de Dios ha de estar en guardia para no preterir lo magro en aras de lo enjundioso. Tal insinuación difícilmente agradará a los intelectuales católicos liberales.

Cualesquiera que hayan sido mis insuficiencias a la hora de estar a la altura de los ideales del sacerdocio, quizá lo he servido explícitamente a través de este o aquel de mis libros. Las Gifford Lectures propiciaron la conversión al catolicismo de un destacado industrial del Medio Oeste. Muchos otros escribieron sobre el beneficio espiritual que les procuraron. La Iglesia fue objeto directo de tres de mis libros. El primero, *Les tendances nouvelles de l'ecclésiologie* [Las nuevas tendencias de la eclesiología], nació de mi tesis doctoral. Fue reimpreso durante el Concilio Vaticano II. *And on this Rock* [Y sobre esta piedra...], que ya va por la tercera edición ampliada, trata de una roca en Cesarea de Filipo, sobre la palabra *piedra* en el Antiguo y el Nuevo Testamento y sobre la infalible predicación de la divinidad de Jesús por el papado. *The Keys of the Kingdom* [Las llaves del reino] parte de la historia de la fabricación de llaves. La ciencia, si se usa apropiadamente, puede ser de gran ayuda en la construcción de argumentos teológicos, incluso en teología bíblica.

Esto es ilustrado adicionalmente por otros dos libros míos. Uno de ellos, *Genesis 1 through the Ages*, ya se ha mencionado, si bien no hemos dicho que el primer capítulo de la Biblia es también el que más tergiversado ha sido. No habría escrito ese libro si no hubiese conjeturado que la explicación que hace justicia así a la Biblia como a la ciencia debe buscarse en referencia a la observancia del sábado. Este punto lo desarrollé luego con cierta extensión en el artículo: «The Sabbath Rest of the Maker of All» [El descanso sabático del Hacedor del universo], publicado en el *Asbury Journal of Theology*[12]. El otro libro que quiero mencionar es *Bible and Science* [La Biblia y la ciencia][13]. La ciencia a la que alude el título no es la arqueología, sino la ciencia física dura. En este libro sostengo entre otras cosas que, si se quiere comprender la percepción de la realidad de los autores bíblicos, marcada por el sentido común, la lectura que uno haga de la Biblia debe ser liberada primero de la falsa contraposición entre la mente hebrea y la griega. Esta

---

12. Cf. ÍD., «The Sabbath Rest of the Maker of All»: *Asbury Journal of Theology* 50 (Spring 1995), 37-49.
13. Cf. ÍD., *Bible and Science*, Christendom Press, Front Royal, Va. 1996.

idea netamente epistemológica (cualquier intento de refutación de la cual entraña confianza implícita en esa misma
percepción) repercute con fuerza en la credibilidad de los
relatos de milagros que narran los autores bíblicos. Y otro
tanto vale para cualquier testimonio llano de acontecimientos milagrosos, como las curaciones en Lourdes. Como de-
fiendo en el librito *Miracles and Physics* [Los milagros y
la física, 1990], nada es más erróneo que invocar el principio de incertidumbre de Heisenberg como si este ofreciera
a Dios la oportunidad de hacer algo físico sin interferir con
las leyes de la física. El teólogo interesado aún en el libre albedrío cometerá un error igual de grave si intenta defenderlo
con ayuda de la mecánica cuántica. En un largo artículo titulado «Determinism and Reality» [Determinismo y realidad,
1990] aclaro todo esto[14].

Después de las Gifford Lectures, tuve el honor de impartir en 1977 las Fremantle Lectures en el Balliol College de
Oxford. Estas conferencias se publicaron con el título: *The
Origin of Science and the Science of its Origin* [El origen
de la ciencia y la ciencia de su origen]. Son un análisis de
las teorías sobre el origen de la ciencia desde Bacon hasta el
presente. Deben leerse como un volumen complementario
a *Science and Creation* y a las Gifford Lectures. Fue más
o menos en estas fechas, o poco antes, cuando fui nombrado *visiting fellow* permanente del oxoniense Corpus Christi College. Para entonces, ya era buen amigo del Dr. Peter
Hodgson, *fellow* asimismo del Corpus Christi, una amistad
que el tiempo y la distancia no han debilitado.

Fue él quien llamó la atención del también oxoniense
Farmington Institute sobre mi trabajo. Ello resultó en dos

---

14. Cf. Íᴅ., «Determinism and Reality», en *Great Ideas Today 1990*,
    Encyclopedia Britannica, Chicago 1990, 277-301.

series de conferencias, pronunciadas respectivamente en 1988 y 1989. La primera se publicó como *God and the Cosmologists* [Dios y los cosmólogos, 1989], y la segunda como *The Purpose of it All* [La finalidad de todo ello, 1990], ambas en colaboración con la Scottish Academic Press, cuyo director, el Dr. Douglas Grant, ha mostrado constante interés por mi trabajo desde que publicó *Science and Creation*. En esta historia de cómo he librado la buena lucha en nombre de la buena ciencia y la verdadera religión, no debo olvidar mi encuentro con Chauncey Stillman y el Wethersfield Institute por él fundado. Este instituto patrocinó la serie de conferencias que luego se publicó con el título: *The Savior of Science* (1988). En esas conferencias abordé exhaustivamente la tesis, ya mencionada anteriormente, de que el monoteísmo macerado en la fe en la divinidad de Cristo desempeñó un papel decisivo en el destino y fortuna de la ciencia y de que solo esa fe proporcionará la fortaleza moral necesaria para usar adecuadamente las herramientas de la ciencia, que tienen un alcance cada vez más aterrador.

En *The Savior of Science* también me ocupé de la evolución. Al hacerlo, recordé el pasaje sobre las arañas de agua citado anteriormente con el fin de ilustrar una idea crucial a la hora de afrontar el darwinismo, esa extraña mezcla de ciencia incompleta y ofuscación filosófica absoluta. El pasaje sobre las arañas de agua no debe usarse como prueba de que Dios las creó específicamente, al igual que a otros millones de especies, todas las cuales manifiestan «habilidades» para las que el darwinismo no proporciona una explicación científica. Por «explicación científica» me refiero a la demostración paso a paso de que incontables modificaciones de un órgano dado llevaron de hecho a otro órgano muy diferente, usado para propósitos asimismo muy diferentes de los originarios. La gran fortaleza de Darwin radica en que reúne poderosos indicios que permiten una sola inferencia:

todas las especies han surgido en rigurosa dependencia de otras anteriores, por alteración de ellas. Los cristianos, que creemos en un Dios omnipotente, debemos estarle agradecidos a Darwin por habernos recordado, aun sin ser consciente de ello, de que no son los materialistas quienes deben tener la más sólida confianza en el ilimitado poder de la materia en lo relativo a todo lo material, sino aquellos que creen en el creador omnipotente de toda la materia.

A los darwinistas no se les puede sino tener lástima por su materialismo, a menudo imperturbable. Sobre esa base no cabe siquiera inferir que las generalizaciones que son su alimento diario, como las de especie, género, filo, reino, etc., sean realmente válidas. Mayor lástima hay que tenerles aún a quienes dedican toda su vida (y la mayoría de los darwinistas lo hacen) al propósito de demostrar que no existe propósito alguno, finalidad alguna. Para demostrar la existencia de finalidad, que en el ser humano va de la mano con el libre albedrío –por no decir nada de la analógica realización de la acción intencionada en animales y plantas–, se necesita una epistemología que, entre otras cosas, sea incompatible con el recurso fácil a la Biblia, pero que, como argumenté en *Bible and Science*, todavía resplandezca en todas y cada una de las páginas de esta.

Baste lo anterior como trasfondo para señalar que en *The Savior of Science* se aduce otro ejemplo de arañas de agua:

> «Hay una araña de Queensland llamada "la magnífica" a causa del espléndido colorido de la hembra. Pero lo que nos interesa ahora es su manera de atrapar mariposas de la luz. Se descuelga de una cuerda y teje una hebra de unos cuatro centímetros de longitud, que en su extremo libre acaba en un glóbulo de materia muy viscosa, poco mayor que la cabeza de un alfiler. La hebra es sostenida por una de las patas delanteras; al aproximarse la mariposa, la araña hace girar la hebra y el glóbulo con asombrosa velocidad. La mariposa es atraída,

atrapada, alzada, matada y succionada. Cuando entra en contacto con el glóbulo giratorio, queda tan impotente como una mosca pegada a una tira matamoscas. De la araña magnífica podríamos perfectamente decir: *c'est magnifique*».

Y luego señalaba que la continuación de este *c'est magnifique* no debería ser *mais ce n'est pas la guerre*, «pero no es la guerra» [como en la famosa frase del general francés P.-F. Bosquet en referencia a la desastrosa carga de la Brigada Ligera, la caballería británica, en la batalla de Balaclava (1854) durante la guerra de Crimea], a pesar de las interminables escaramuzas ocasionadas por las incoherencias lógicas del darwinismo, sino más bien: *ce n'est pas la sélection naturelle*. Con esto no pretendo sugerir que la selección natural no desempeñe un papel muy importante. Pero, al afirmar esto, uno se basa en gran medida precisamente en la clase de filosofía que la mayoría de los paladines de la evolución aseguran que ha sido eliminada por su ciencia. Con sumo cuidado esconden bajo la alfombra el hecho de que nadie ha demostrado *científicamente* todavía que la selección natural produzca de hecho el magnífico comportamiento de las arañas de agua y otras innumerables criaturas. Quienes aseguran que tal demostración se encuentra ya disponible están tan equivocados como quienes pasan por alto el hecho de que la biología evolutiva no tiene más remedio que depender en gran medida de generalizaciones y extrapolaciones. Y lo mismo le ocurre a la religión. Cada vez que un apologeta cristiano olvida esto, socava su propia base. Hay homólogos teológicos de aquellos que, en no menor medida que los intencionados [*purposive*] refutadores de la finalidad [*purpose*], ilustran el oscurecimiento del intelecto, uno de los principales efectos del pecado original.

Puesto que he empezado hablando de Duhem, quizá debería concluir con algunos comentarios sobre otras obras mías relacionadas con él. La Providencia (en la actualidad, erróneamente denominada Azar, con mayúscula) me puso en contacto alrededor de 1985 con el parisino Norbert Dufourcq, destacado musicólogo e hijo del afamado historiador de la Iglesia Albert Dufourcq, quien fue uno de los mejores amigos de Duhem en la Universidad de Burdeos. Este hecho explica que Norbert Dufourcq heredara buena parte de la correspondencia de Duhem, así como la de Hélène, la hija de este. Esta relación fue la fuente del material que apareció en el libro titulado *Reluctant Heroine: The Life and Work of Hélène Duhem* [Heroína a regañadientes: La vida y obra de Hélène Duhem][15]. Su fascinante historia debería interesar no solo al historiador de la ciencia profesional, sino a cualquier persona deseosa de saber hasta qué punto las editoriales punteras están dispuestas a ignorar sus obligaciones contractuales con el fin de servir a poderosos grupos de interés ideológicos en el mundo académico que sencillamente no pueden contemplar pasivos que se den a conocer ciertos hechos.

Por disposición de la Providencia conocí a la sobrina de Albert Dufourcq, Marie-Madeleine Gallet, quien fue el gran apoyo de Hélène Duhem durante sus últimos años. La Sra. Gallet me facilitó, para su publicación, varios cuadernos de esbozos paisajísticos realizados por Duhem. Una amplia selección, introducida por mí, fue publicada con el título *The Physicist as Artist: The Landscapes of Pierre Duhem* [El físico como artista: Los paisajes de Pierre Duhem][16]. La parisina Académie des Sciences me autorizó a utilizar su colección de las cartas que Pierre Duhem escribió casi a diario

---

15. Cf. Íᴅ., *Reluctant Heroine: The Life and Work of Hélène Duhem*, Scottish Academic Press, Edinburgh 1991.
16. Cf. Íᴅ., *The Physicist as Artist: The Landscapes of Pierre Duhem*, Scottish Academic Press, Edinburgh 1990.

a su hija entre 1909 y 1916. Una selección de ellas se publicó, anotada e introducida por mí, como *Lettres de Pierre Duhem à sa fille Hélène* [Cartas de Pierre Duhem a su hija Hélène]. Todo este material me ayudó considerablemente a escribir *Scientist and Catholic: Pierre Duhem*, que luego apareció también en francés y español [trad. esp.: *La ciencia y la fe: Pierre Duhem*, Encuentro, Madrid 1996].

La lista completa de mis publicaciones hasta 1990 está disponible en *Creation and Scientific Creativity: A Study in the Thought of S. L. Jaki* [La creación y la creatividad científica: Un estudio del pensamiento de S. L. Jaki], de Paul Haffner, originariamente una tesis doctoral defendida en la Universidad Gregoriana de Roma que le mereció a su autor la calificación de *summa cum laude*[17]. Ahí puede leerse el discurso que pronuncié al ser investido en 1991 miembro honorario de la Pontificia Academia de las Ciencias. En esa ocasión rendí tributo a la memoria de Duhem y también expuse mi visión de que nadie debe intentar fusionar lo que Dios ha puesto en compartimentos conceptuales separados.

Espero –y rezo por ello– que Dios me conceda fuerzas para escribir una síntesis de mis opiniones sobre la relación entre ciencia y religión, cuyas ideas clave pueden deducirse fácilmente a partir de este breve capítulo. Tengo otro proyecto en marcha, con el título: *Means to Message: A Treatise on Truth*, en el que expongo mi filosofía –o sea, mi epistemología y mi metafísica– teniendo presente a la ciencia. Ahí explicaré mucho de lo que he aprendido de Étienne Gilson sobre el realismo metodológico y de J. E. Turner, filósofo de Liverpool, sobre la falacia lógica en que incurren las afirmaciones de que la relación cuántica de incertidumbre refuta la

---

17. Cf. P. HAFFNER, *Creation and Scientific Creativity: A Study in the Thought of Stanley L. Jaki*, Christendom Press, Front Royal, Va. 1991.

ley de causalidad. Y también desarrollaré el estatus único de la categoría de cantidad entre todas las categorías, que para mí son las diez de Aristóteles, no las falsificaciones kantianas de estas. Un anticipo de ello puede encontrarse en mi publicación más reciente, un largo artículo titulado: «The Limits of a Limitless Science» [Los límites de una ciencia sin límites], que apareció primero en traducción italiana en *Con-Tratto*, pues se me encargó para su anuario de 1996, pero pronto se publicará en inglés en *Asbury Theological Journal* (primavera de 1998).

Mientras que todo discurso sobre religión (teología) se mantiene en pie o cae con la filosofía sobre la que descansa, esto es menos cierto para la ciencia. Cuanto más exacta es una ciencia, por ejemplo la física, tanto más independientes devienen sus conclusiones de la matriz filosófica de la que ha surgido. En la medida en que son cuantitativas, estas conclusiones tienen una validez que no depende de la filosofía que este o aquel científico les añade. Así, la ciencia puede compararse con la construcción de un edificio: la teoría completa es como un edificio al que se le ha quitado ya todo el andamiaje (incluida la filosofía). El edificio, sin embargo, no contiene nada filosófico. Es una mera estructura numérica. Es en este sentido como hay que interpretar la famosa sentencia de Hertz: «La teoría de Maxwell [del electromagnetismo] es su sistema de ecuaciones», sentencia que nunca podré repetir suficientemente. Nada ni de lejos tan fundamental ha sido dicho jamás por un gran físico sobre la teoría física de un físico aún más importante.

Reducida a su esqueleto, la ciencia exacta no es más, ni menos, que un sistema de ecuaciones. No habría conflicto alguno entre la ciencia y la teología si los científicos fueran realmente conscientes de esta verdad. Pero los científicos también son, como todos nosotros, filósofos. La única manera de evitar la filosofía es no decir nada. El problema es que nada vende más eficazmente una mala filosofía que agregársela a una ciencia espléndida. (Así, la ciencia pasa a formar parte de la tríada constitutiva de la vida moderna: Deporte, Sexo y Ciencia, todas en mayúscula [y en inglés todas con ese inicial: *Sport, Sex, Science*]). Lo contrario no es cierto; ninguna cantidad de ciencia, siempre que sea ciencia y no otra cosa, puede justificar una sola proposición filosófica ni, menos aún, un solo enunciado teológico, que tiene que ser una proposición no sobre cómo funcionan los cielos, sino sobre cómo ir al cielo. Por desgracia, los teólogos, creyéndose en posesión de verdades eternas, tienden a disertar sobre meras realidades temporales, como el universo físico, sobre cuyas dimensiones –las grandes al igual que las pequeñas– la ciencia es el único árbitro.

En suma, la ciencia, desde que experimentó su único nacimiento viable, sigue desplegando las enormes potencialidades de sus ecuaciones básicas del movimiento. Así, la ciencia revela cada vez más detalles sobre los aspectos cuantitativos de todas las cosas que se hallan en movimiento unas respecto de otras. Al tiempo que realiza esta función reveladora, la ciencia hace predicciones empíricas, es decir, mensurablemente verificables. Para cumplir esta función, la ciencia, una vez nacida de verdad, no precisa de revelaciones externas. Esta es la razón por la que la ciencia no es teísta ni atea; es solo ciencia, a diferencia de la teología, que tiene que ser teísta. La teología, a menos que quiera degenerar es una mera rama de las ciencias de la religión, debe tratar, como mínimo, de un Dios personal, que puede y debe ser adorado, no meramente admirado como una forma superior de amanecer o atardecer o una mera neblina cerniéndose sobre un césped bien cortado.

El domingo no es para entrar en comunión con la Naturaleza, en mayúscula, sino para adorar a un Dios personal, que tiene absoluta soberanía aun sobre esa humanidad que tanto más se degrada cuanto más realidad hace su declaración de autonomía total. El hombre moderno, tan orgulloso de su ciencia, aún tiene que aprender que esta revela justo el hecho de que el universo solo puede hacer, hablando en términos relativos, muy pocas cosas. Un poco de reflexión al respecto quizá impela a todo individuo de mente lúcida a extraer la única conclusión posible y postrarse de hinojos. Pues la respuesta a la pregunta de por qué el universo es tal como es, no de otro modo, nos lleva a la causa última de esa talidad o a la fuente de todo, que es el Dios omnipotente. Él podría haber creado una infinita variedad de mundos. El mundo que existe es el resultado de su soberana elección creadora. Esa es la razón por la que el universo *de facto* existente tiene un asombroso conjunto de particularidades, cuya investigación constituye nuestro gran peldaño intelectual hacia el reconocimiento del Uno que es la existencia misma. Pues tal como se reveló, él es Uno que ES.

7

El camino cristiano

ARTHUR PEACOCKE

Cualquier científico que sienta apego a la fe cristiana tiene muchas probabilidades de encontrarse, máxime si su ciencia guarda relación con la biología, con la incredulidad de muchos de sus conocidos, que han heredado el mito de «la guerra entre la ciencia y la religión». Aunque este mito está bien arraigado en los medios de comunicación, el hecho es que, en décadas recientes y a pesar de esta presión cultural, muchos de quienes participan en la empresa científica han sido capaces de seguir con integridad intelectual el «Camino» cristiano (como se llamaba en los primeros días de la Iglesia).

Entre ellos me incluyo yo también. La senda que conduce del escepticismo y el agnosticismo a la fe no siempre está libre de obstáculos, pues sin cesar surgen nuevos retos a causa de las cambiantes perspectivas sobre el mundo asociadas a los horizontes en continua expansión de la indagación científica. Así es como deben ser las cosas, pues cualquier síntesis de percepciones de Dios, la humanidad y la naturaleza debe integrar –o al menos ser consonante con– el conocimiento de la humanidad y de la naturaleza que ofrecen las ciencias, al igual que nuevas percepciones teológicas. Por tanto, cualquier científico que profese la fe cristiana en cualquiera de sus diversas formas debe estar embarcado en un diálogo continuo entre su ciencia y su fe. ¡Algunos lo están, otros no!

Cuando estalló la guerra en 1939, yo era demasiado joven para ser llamado a filas, y en 1942 seguía siéndolo. Así, desde una pequeña ciudad semisuburbana, semiindustrial y semirural situada a unos treinta kilómetros al noroeste de Londres, en aquel entonces todavía justo al borde de la magnífica campiña inglesa abierta, «subí» a Oxford con una beca para estudiar ciencias naturales, en concreto, química. Mi interés en la materia se había suscitado gracias principalmente a las enseñanzas recibidas en el primer curso del instituto local de secundaria [*grammar school*] en Wartford, distrito de Hertford, donde tenía una beca que me eximía del pago de las tasas de matrícula. En mi casa no abundaban los libros –mi padre y mi madre habían abandonado los estudios a los once y catorce años, respectivamente–, pero el ambiente era alentador y posibilitador a este respecto, y el instituto proporcionaba una educación tan buena como la que habría podido recibir en cualquier otro lugar. Aunque a la sazón caían bombas, la enseñanza continuaba su curso, disciplinada y con amplitud cultural, merced a hombres –y unas cuantas mujeres– con títulos de primera clase obtenidos en las mejores universidades. Me considero afortunado de haber heredado un sistema social que ya entonces ofrecía tales oportunidades a quienes no pertenecíamos a familias acomodadas o de profesionales liberales.

Gracias a una beca general fui a estudiar al Oxford del tiempo de guerra, a una sociedad que estaba a años luz de aquella de la que yo procedía y que, a causa del impacto de la guerra, era ya muy diferente de como había sido en la década de 1930 (¡Evelyn Waugh y todo lo asociado con él!). En aquella época, la Facultad oxoniense de Química era, desde dos décadas antes, preeminente en Gran Bretaña y sobresaliente en el mundo, rivalizando con Harvard y Berkeley. Solo el Laboratorio de Fisicoquímica tenía entre sus profesores titulares a cinco o seis *fellows* de la Royal Society, y en los otros laboratorios de química había un número parecido. Allí aprendí enseguida una lección esencial de la vida académica: muchos miembros de los departamentos de las universidades británicas son tan distinguidos como los catedráticos que los dirigen.

La fisicoquímica me atrajo, y todavía hoy me atrae, por su coherencia intelectual y belleza; esto vale sobre todo para la cinética, la termodinámica y la teoría cuántica. De hecho, cuando miro retrospectivamente a mi variada carrera docente, descubro que en realidad nunca he dejado de enseñar –o escribir– sobre termodinámica en un contexto u otro. Por ejemplo, mi último libro científico sobre la fisicoquímica de la organización biológica se ocupó de la termodinámica irreversible de los procesos biológicos. La investigación para mi primer grado universitario y, posteriormente, para el doctorado la llevé a cabo en el Oxford Physical Chemistry Laboratory, donde trabajé con *sir* Cyril Hinshelwood. Este era un erudito –uno de los típicos productos polifacéticos de la escuela oxoniense de química– que había sido distinguido con el Nobel por su trabajo en cinética química. Cuando me incorporé a su equipo, había empezado a aplicar sus conocimientos de cinética química (que estudia la velocidad de las reacciones químicas) a la investigación de los procesos de los organismos. Trabajé sobre los procesos de cambio [*rate processes*] involucrados en el crecimiento de bacterias y su inhibición por ciertas sustancias. Como era de esperar, obtuve el título de doctor y acepté una plaza docente en la Universidad de Birmingham.

En los once años en Birmingham, donde ascendí de profesor ayudante a profesor titular, trabajé en algo que había empezado a interesarme, a saber, la fisicoquímica de las moléculas de ADN. En aquel entonces, el ADN estaba comenzando a ser visto como una molécula muy grande; ahora sabemos, por supuesto, que tiene decenas de miles de unidades que se enhebran a lo largo de dos cadenas helicoidales entrelazadas. Había algo de compleja fisicoquímica que hacer en relación con esta extraordinaria estructura, y pude involucrarme en ello con el equipamiento más simple (por ejemplo, un medidor de pH), pero con la mayor intrepidez intelectual. En 1952 me encontraba en Berkeley con una beca Rockefeller, en el distinguido laboratorio de virus dirigido por W. M. Stanley, famoso por sus estudios sobre el virus del mosaico del trabajo, cuando James Watson y Francis Crick dieron a conocer la estructura del ADN en la revista británica *Nature*. Puesto que me dedicaba principalmente al estudio fisicoquímico del ADN con resultados de interés para otras personas en el mismo campo (estábamos en condiciones de asegurar que las cadenas de ADN no se ramificaban y que los enlaces de hidrógeno propuestos por Watson y Crick eran los únicos presentes en la estructura), llegué a estar en estrecho contacto en aquella época con quienes trabajaban sobre estudios de difracción de rayos X y la estructura del ADN.

Mi carrera científica iba viento en popa. Regresé a Oxford como *fellow* del St. Peter's College y profesor en la universidad, y allí continué enseñando fisicoquímica e investigando en bioquímica física. Estudié aspectos más amplios de la fisicoquímica de las macromoléculas biológicas. Después de veinticuatro años dedicado a este tipo de trabajo había escrito unos ciento veinte artículos y dirigía un grupo de investigación con diez o doce doctorandos y doctores. Luego, cuando tenía cuarenta y ocho años, el científico de Oxford se convirtió en un *dean* de Cambridge, que es el nombre que se le da a la persona encargada de la capilla en un *college* cantabrigense, en mi caso el Clare College.

¿Cómo ocurrió esto y por qué? ¡En cierto sentido, Cambridge era, supongo, el último sitio donde esperaba llegar a verme! Así que ahora debo contar la otra historia que transcurre sola todo el tiempo, a veces paralela a la historia que acabo de narrar, a veces entrelazada con ella, al igual que las dos cadenas complementarias del ADN.

Fui criado en un típico hogar anglicano, típico en el sentido de que la Iglesia de Inglaterra establecida era la Iglesia de la que mi familia se mantenía alejada, salvo para los bautizos, bodas y funerales. Fui enviado a la catequesis dominical de una parroquia local, cuyo estilo «alto» (filocatólico) de culto era visto con desaprobación por mi familia (presumiblemente porque lo consideraban, a causa de sus excesos, demasiado recargado y poco inglés); más tarde, fui por iniciativa propia a una iglesia anglicana evangélica [*evangelical*] algo más «baja», donde fui confirmado. El fervor evangélico del escolar adolescente pronto cedió paso en Oxford a un leve agnosticismo propio de estudiante de grado, que compartí con la mayoría de mis coetáneos. Sin embargo, todos íbamos a la capilla de nuestro respectivo *college* (de hecho, los colegiales del mío, Exeter, *teníamos* que hacerlo por «pertenecer a la Fundación», como se decía). En aquella época, a comienzos de la década de 1940, era también una convención aceptada que todo el mundo acudía a la capilla el domingo por la tarde-noche y a continuación a la cena en el comedor [*Hall*], donde también se disfrutaba de un vaso de cerveza y luego se escuchaba música o recitales poéticos. Yo estaba en el *college* de Neville Coghill, quien luego se hizo famoso por sus traducciones y producciones de los *Cuentos de Canterbury* de Chaucer, y este hecho tenía mucho que ver con la calidad cultural de nuestra vida colegial durante la guerra (quizá debería añadir que Richard Burton, coetáneo mío, fue discípulo de Coghill).

Sin cesar me venían a la cabeza preguntas religiosas y filosóficas. Rechazaba el literalismo bíblico por ingenuo y la teoría penal de la expiación vicaria por ininteligible e inmoral, una opinión que sigo sosteniendo en la actualidad. La insistencia en tales visiones por los cristianos evangélicos «renacidos» en mis años de estudiante de grado fue la causa principal de mi distanciamiento de todo lo cristiano, así como del fin, provisional, de mi apego a esa fe. Necesité algún tiempo para descubrir que para los creyentes cristianos era posible pensar de otro modo. Uno de los puntos de inflexión fue un sermón que le escuché en la University Church de Oxford a William Temple, a la sazón arzobispo de Canterbury y el filósofo-teólogo de mayor altura en desempeñar ese cargo desde Anselmo. De allí salí consciente, en mayor medida de lo que nunca lo había sido, de que cabía argumentar *razonablemente* a favor de la fe cristiana y de que era, aunque todavía no la abracé, una posición intelectualmente defendible y respetable. Así, la puerta hasta entonces cerrada se entreabrió. Como estudiante de posgrado dedicado a la investigación científica en Oxford, las preguntas me seguían acuciando, agudizadas por la fe transparente y nada dogmática de la que más tarde se convertiría en mi esposa. ¿Cómo *podía* explicarse, cómo *podía* darse razón de aquello que todo avance científico desvelaba y reforzaba, a saber, la inherente inteligibilidad y racionalidad del mundo natural? Tanto el *hecho* mismo de la existencia del mundo natural (la respuesta a la pregunta: «¿Por qué existe algo?») como su manifiesta racionalidad parecían reclamar alguna clase de afirmación teísta para dar sentido coherente a todo ello; y dar sentido a un amplio espectro de datos era justamente lo que mi formación y mi experiencia investigadora estaban convirtiendo para mí en práctica intelectual corriente. Así, podría decirse que la idea de Dios me perseguía, y mi experiencia era un eco de los famosos versos con los que comienza el poema de Francis Thompson «The Hound of Heaven» [El sabueso del cielo]:

«I fled Him, down the nights and down the days;
I fled Him, down the arches of the years;
I fled Him, down the labyrinthine ways
Of my own mind».

(Le huía noche y día,
le huía a través de los arcos de los años,
le huía por los laberínticos corredores
de mi mente).

Los datos que hemos de reunir en alguna suerte de patrón inteligible y con sentido incluyen a los hombres con todos sus sublimes logros y sus manifiestas degradaciones. Para entonces –hablo de finales de los años cuarenta–, mi generación conocía, ya fuera a través de documentales y fotografías, lo que las fuerzas aliadas se habían encontrado en Dachau, Auschwitz y Belsen y nos habíamos asomado al abismo sin fondo de la potencialidad del mal humano, que el siglo XX ha visto intensificarse con un poder tal vez mayor que en cualquier centuria anterior.

A mi manera, con deficiente información, trataba de entender el problema del mal: es posible que siempre se me escape una solución intelectual plena, si bien ahora estoy en condiciones de centrar y especificar mejor la cuestión. Ciertamente, en aquel entonces me percaté con mayor claridad –y esto me sigue pareciendo válido hoy– de que si la existencia del mal suscita desconcertantes preguntas intelectuales, como sin duda lo hace, tenemos que mostrar cómo ha de *superarse* el mal en la práctica, no solo en la teoría. Comencé a percibir vagamente lo que está expresado de manera sublime es la estrofa final del «Paraíso» de Dante, en la que este describe su visión final de Dios:

«Y la alta fantasía fue impotente;
mas a mi voluntad seguir sus huellas,
como a otra esfera, hizo el amor ardiente
que mueve al sol y a las demás estrellas»
(trad. de Ángel Crespo).

Es el *amor* lo que supera el mal; y comencé a ver con creciente claridad que el único creador, Dios, cuya existencia como Racionalidad Suprema estaba siendo empujado ya a reconocer, era también el Uno cuyo carácter intrínseco puede describirse del modo menos engañoso como «Amor» y cuya actividad *ad extra* es expresión de esa esencia que resplandece a través de la vida, muerte y resurrección de Jesús el Cristo. Así, mi búsqueda prosiguió. Cuando echo la vista atrás a mi época de estudiante de posgrado en Fisicoquímica, me sorprendo de con cuánta arrogancia daba por supuesto que poco era lo que podía aprender de las mentes teológicamente informadas que había a menos de un kilómetro de distancia de donde yo trabajaba, por lo que labré mi propio surco, leyendo libros por mi cuenta, sin preguntar a ninguna de las eruditas personas que tenía a mi alrededor qué pensaba sobre estos asuntos. Quizá uno tiene que ir haciendo su propio camino, por serpenteante que sea. Siempre será el camino que uno mismo se ha abierto, y tal vez no valga aquí atajo alguno.

Emprendí un estudio más sistemático y, por consejo de Geoffrey Lampe, a la sazón catedrático de Teología en la Universidad de Birmingham, incluso me las apañé para obtener un grado en Teología. Estaba profundamente influido (y lo sigo estando) por los escritos de teólogos juiciosamente razonables: William Temple, Charles Raven, Ian Ramsey y el propio Lampe. En aquel entonces no podía, ni tampoco puedo ahora, aceptar ninguna autoridad automática de la Iglesia o de la Escritura *per se*; aquí aflora mi formación (*Bildung*, dicen los alemanes) como científico. Para mí, la fe debe cumplir los criterios generales de razonabilidad o de inferencia a la mejor explicación. Esta es aún mi posición, si bien asociada a una creciente conciencia de en qué gran medida dependemos de los primitivos testigos de Jesús como el Cristo, al igual que de la necesidad que tenemos de sentarnos a los pies de los hombres y mujeres de Dios de todas las épocas, tradiciones y religiones.

Me alivió descubrir que la Iglesia de Inglaterra (nuestra parte de la Comunión Anglicana), tan asediada por la prensa y tan maltratada, es –desde el punto de vista teológico, filosófico e intelectual– una Iglesia muy *amplia*, que brinda espacio para moverse y crecer. Ello se debe a que se alimenta tanto de la tradición católica como de la protestante y está influida asimismo por las Iglesias orientales ortodoxas (y, sin duda, por las antiguas Iglesias celtas). Tiene desde hace largo tiempo el hábito de acentuar, de cara a la formación de una fe estable y de base firme, el papel de la razón basada en la experiencia en la tamización tanto la Escritura como la tradición. Podría afirmarse, de hecho, que su confianza en este «taburete de tres patas» formado por la Escritura, la tradición y la razón es su rasgo distintivo, puesto que otras Iglesias tienden a confiar más exclusivamente en la Escritura o en la tradición.

Es instructivo a este respecto, así como por lo que atañe a mi síntesis personal de ciencia y religión, leer lo que el primer historiador de la Royal Society escribió en 1667 sobre la relación de la Iglesia y la ciencia, la nueva filosofía natural. Recuérdese que la Royal Society había sido creada unos pocos años antes, casi simultáneamente con la restauración del *Book of Common Prayer* [Libro de oración común] y de la Iglesia de Inglaterra después de haber sido abolidas por la Commonwealth.

Este historiador, Thomas Sprat, escribió:

«Constatamos la concordancia existente entre el actual *programa* de la *Royal Society* y el de la Iglesia [de Inglaterra] en sus inicios. Ambas reclaman para sí en igual medida el término "reforma": la una, por haberle allanado el camino en *religión*; la otra, persiguiéndola en *filosofía*. Ambas han emprendido un rumbo parecido para hacer esto realidad, cada una de ellas en referencia a un *original* perfecto para su instrucción: la una, en referencia a la Escritura; la otra, al gran libro de las *criaturas*... Ambas suponen por igual que sus *predecesores* pueden haberse equivocado y, sin embargo, conservan suficiente reverencia por ellos... Por tanto, la *Iglesia de Inglaterra* puede ser denominada *madre* de esta clase de *conocimiento*; y así, le compete de modo peculiar el cuidado de su *alimentación* y prosperidad».

Suponer que «nuestros predecesores pueden haberse equivocado» y conservar, no obstante, «suficiente reverencia» por ellos constituye, a mi juicio, el equilibrio adecuado entre el radicalismo destructivo, por un lado, y el tradicionalismo dogmático, por otro. Así que me considero afortunado de haber disfrutado en ese estadio de mi búsqueda de la oportunidad de proseguirla dentro de las filas de una Iglesia cristiana que es la Iglesia protestante y católica de mi propio pueblo, una Iglesia que tenía y aún tiene el hábito de permitir la indagación abierta en la razonabilidad de la fe a la luz del conocimiento moderno (en mi caso, científico).

El estudio teológico me mostró algo que *no* esperaba, tal es la miopía del científico profesional; a saber, que la Iglesia cristiana, detrás de su fachada cambiante y variable, ha mantenido a lo largo de las épocas una persistente tradición intelectual propia, que hace del contenido de su pensamiento materia adecuada y digna para el estudio universitario: el mensaje que había comenzado a captar en el sermón de William Temple. Figuras como Pablo, Orígenes, Gregorio de Nisa, Agustín, Anselmo y Tomás de Aquino, entre muchas otras, son gigantes intelectuales y sencillamente no pueden ser ignorados por ninguna persona del siglo XX que busque inteligibilidad y sentido.

Por supuesto, siempre me descubría relacionando mi visión científica del mundo con perspectivas teológicas. Me di cuenta de que no podía ignorar la continuidad e intercambio existentes en el ser humano entre las actividades físicas, mentales, estéticas y espirituales y el conocimiento que obtenemos de estas. En teología, esto comportaba poner un fuerte énfasis, como todavía hago, en lo *sacramental*, que es, en el ámbito de la teología, el concepto que une lo físico, lo mental, lo estético y lo espiritual. Durante unos diez años fui lo que la Iglesia de Inglaterra denomina «lector laico» (*lay reader*), por lo que estaba autorizado para presidir celebraciones públicas no sacramentales y predicar. Pero ello me parecía cada vez más como intentar caminar con una sola pierna, máxime teniendo en cuenta que mi síntesis de los aspectos científico y cristiano de mi vida y mi pensamiento se producía crecientemente a través de los sacramentos y de los aspectos sacramentales de la vida. Esto significaba que experimentaba un deseo más y más intenso de celebrar sacramentalmente nuestra percepción unitaria de la naturaleza, la humanidad y Dios.

Algunos años antes había comenzado a pensar en la ordenación presbiteral como «sacerdote trabajador», en mi caso como «sacerdote científico». Al final, tras un intento fallido de cambiar de carrera y unos doce años después de empezar a pensar en ello, en 1971 fui ordenado primero diácono y luego presbítero en la Christ Church Cathedral de Oxford.

Compartía y todavía comparto todos los reflejos condicionados y suspicacias del inglés medio respecto al clero como clase; así que me alegré de ser ordenado sacerdote, pero no tenía intención alguna de convertirme en «clérigo», y sigo sin tenerla (y espero haberla esquivado). Tras la ordenación quise continuar siendo sacerdote-científico, un investigador y profesor en la universidad signado con el orden sacerdotal, haciendo mi trabajo con todos los demás, conjuntamente con ellos. Así es como siempre me he considerado.

En mis años en Cambridge descubrí algo sobre mí mismo de lo que hasta entonces no era plenamente consciente; a saber, que mi «yo» científico no podía ser absorbido por completo, sin resto alguno, en el sacerdote, aunque se tratara de uno que investigaba la relación entre la ciencia y la fe. Así, puesto que ahora estaba libre de la presión de la facultad para publicar artículos convencionales (en este caso, científicos), fui capaz de explorar ampliamente –de un modo para mí desconocido mientras estuve al frente de un grupo de investigación científica– nuevos desarrollos, algunos de ellos aún especulativos, en la teoría fisicoquímica que empezaban a parecer extraordinariamente prometedores. Estos desarrollos tenían que ver con la interpretación de la hasta ahora desconcertante complejidad de los seres vivos y sus intrincados procesos. Ello resultó eventualmente –aunque fue un camino largo y difícil, que se prolongó diez años– en la publicación de mi monografía científica sobre la fisicoquímica de la organización biológica. Uní numerosos desarrollos, previamente inconexos, en matemáticas, cinética y termodinámica, y espero haber contribuido algo a la intelección del milagro de la complejidad biológica en el mundo natural.

Nadie que esté involucrado en el trabajo sobre la relación entre ciencia y religión puede pasar por alto la dimensión social de esta interacción: las comunidades de quienes se dedican a la empresa científica y la empresa teológica están separadas y distanciadas, y cada una de ellas recorre su camino al margen de la otra. Con el paso de los años, he sido capaz de aportar mi granito de arena a la rotura de este silencio, al tránsito de esta «tierra de nadie» entre dos grupos a los que ha sido asignado por muchos el papel de ejércitos enfrentados por falsos mitos heredados de lo que sucedió en el siglo XIX y otros anteriores. A comienzos de la década de 1970 puse en marcha en Gran Bretaña encuentros informales entre científicos, teólogos y clérigos interesados en relacionar sus conocimientos y métodos de estudio científicos con su fe y praxis religiosa. Este grupo al principio pequeño

creció en número conforme fue abordando asuntos cada vez
más difíciles, y en 1975 se inauguró formalmente en Dur-
ham el Foro de Ciencia y Religión. Desde entonces sigue
celebrándose todos los años y publicando sus deliberacio-
nes, además de reseñas de libro relevantes. Paralelamente
a ello, durante todo este tiempo han ido surgiendo en otras
partes de Europa grupos, por regla general más pequeños,
interesados en estas cuestiones. Tras una reunión explora-
toria que, convocada por mí, se celebró en el Clare College
de Cambridge en septiembre de 1984, el primer congreso
europeo sobre ciencia y religión tuvo lugar –presidido por el
Dr. Karl Schmitz-Moomann, el otro iniciador del proyecto–
en la Evangelische Akademie de Loccum, en la República
Federal de Alemania, sobre el tema: «Evolución y creación»
(*no*, nótese bien, sobre «creacionismo», del que únicamente
nos ocupamos en nuestros debates para rechazarlo). Siguió
un segundo congreso europeo en 1988, y en el tercero, celebrado en 1990 en Ginebra, se creó formalmente la European
Society for the Study of Science and Theology. Todo esto es
inmensamente alentador y de gran importancia para el futuro de la religión en general, y del cristianismo en particular,
en la sociedad occidental.

Gran parte de lo anterior se ha referido a las preocupaciones de la «cabeza», pero también el «corazón» tiene sus
razones. De hecho, durante más de treinta años había estado
intuyendo, discerniendo instintivamente, que un diálogo puramente intelectual entre los implicados en la empresa científica, por un lado, y la empresa teológica, por otro, resultaba
insuficiente. Pues la teología, «teo-logía», se ocupa por defi-
nición de las palabras sobre Dios... y las palabras restringen
y limitan. Dios está «en el ligero susurro» (cf. 1 Re 19,12) y
en los silencios que siguen a los ejercicios más articulados
y pronunciados en voz más alta. La «teología» no puede ser
ella misma la experiencia del Dios que es conocido a través

de la vida en la oración, en el culto y en el silencio. Entendí que la Iglesia no solo necesita indagación intelectual de la clase estimulada por las asociaciones que he mencionado, sino que también necesita un cuadro de miembros informados y entregados que constituyan una nueva suerte de orden «dominicana», que se mantenga unida por la oración y los sacramentos y esté comprometida con la vida de ciencia por la Iglesia y en nombre de la Iglesia: para representar a la Iglesia en la ciencia y a la ciencia en la Iglesia.

Así, en 1987 se fundó una nueva orden dispersa, inicialmente dentro de la Iglesia de Inglaterra. La Sociedad de Científicos Ordenados (SOSc, por su sigla en inglés) se mantiene unida por una Regla de oración y de vida sacramental con la que nos comprometemos mediante votos apropiados que se realizan en una eucaristía anual presidida en sus primeros nueve años por el Dr. John Habgood, a la sazón arzobispo de York, quien antes había sido un fisiólogo dedicado a la investigación. La constitución fue redactada de modo tal que la Sociedad cuenta ahora entre sus miembros no solo con sacerdotes de la Comunión Anglicana, incluidas seis sacerdotisas-científicas, sino con ministros ordenados de otras Iglesias. También existe un capítulo estadounidense. Veo su futuro muy abierto y creo que puede ser importante para la Iglesia en su relación con la ciencia, la tecnología y la medicina (ya hemos sido de diferentes maneras un útil recurso para ella); considero asimismo que tiene crecientes posibilidades ecuménicas, en colaboración, por ejemplo, con el grupo «Jesuits in Science», que se constituyó hace relativamente poco tiempo.

Concluyo con algunas reflexiones generales sugeridas por esta retrospectiva de mi vida, que en cierto modo ha transcurrido siempre en las fronteras, ya sean las de la física y la química, las de la fisicoquímica y la bioquímica o las de la ciencia y la teología. En primer lugar, me parece que la *fe cristiana* –como, de hecho, cualquier credo religioso– quedará encerrada en un gueto intelectual y cultural a menos que ponga en relación sus afirmaciones con el mejor conocimiento disponible sobre el mundo que nos rodea (y que incluye el mundo humano). Esto representa un desafío perenne para la teología cristiana y para todo credo religioso, desafío al que, en determinados momentos del pasado, los pensadores cristianos respondieron de manera magnífica y creativa. El problema hoy es que pocos teólogos, y en general pocos estudiantes de humanidades, se hacen una idea de la amplitud y profundidad de la visión científica del mundo, en parte a causa de la extraordinaria estrechez de miras de la mayoría de los sistemas educativos, en particular el del Reino Unido. Se necesita un inmenso trabajo de educación general por doquier para que la fe religiosa pueda comenzar a confrontarse creativamente con las nuevas percepciones del mundo que la ciencia ofrece en la actualidad. Aún surgen miríadas de cuestiones concretas, tales como:

- la naturaleza y el destino de la humanidad a la luz de sus orígenes evolutivos;
- las necesidades y potencialidades humanas y la naturaleza de la persona humana a la luz de los nuevos conocimientos proporcionados por la psicología humana, las ciencias cognitivas y la genética, por mencionar tan solo unas cuantas ciencias;
- nuestras actitudes hacia la naturaleza y el impacto que tenemos en ella;
- cómo hablar sobre la acción divina a la luz de la creciente probabilidad de que al universo le sean inherentes potencialidades de *auto*creación;
- los seres humanos parecen ser «bestias que se elevan» antes que «ángeles caídos».

Y así podríamos seguir y seguir. Tales cuestiones, y otras muchas, no son eludibles ni desaparecerán por sí solas.

En segundo lugar, las *ciencias*, a través de su alcance y diversidad, ofrecen ahora una perspectiva sobre el mundo cuya plena fuerza emocional y poética realmente necesita ser expresada por un Dante del siglo XX. Esa perspectiva agudiza, sin duda, las preguntas que podemos plantearnos sobre el sentido personal y la inteligibilidad, como, por ejemplo: ¿qué clase de universo es este en el que la fluctuación originaria de un campo cuántico –la masa primigenia de bariones y quarks y neutrinos y cuantos de luz– pudo desarrollarse con el paso de eones de tiempo, merced a la potencialidad y la forma que le son inherentes, hasta convertirse en seres humanos que se adhieren a valores, a la verdad, la belleza y la bondad, en un Newton, un Mozart, un Jesús de Nazaret?

En tercer lugar, la *relación de la ciencia con la teología* no es más que uno de los problemas de la interrelación de muchas disciplinas y formas de conocimiento. La ciencia nos revela que el mundo natural es una jerarquía de niveles de complejidad, cada uno de los cuales opera en su propio plano, requiere sus propios métodos de estudio y desarrolla su propio marco conceptual de referencia y, por ende, su propia ciencia. A la luz de esto, afirmo que los átomos y las moléculas no son *más* reales que las células o poblaciones de células ni que las personas o comunidades humanas. Hay hechos *personales* y *sociales* al igual que los hay físicos y bioquímicos. A mi juicio, la interpretación de la relación entre estos distintos niveles no debería ser lo que se ha llamado «nada-más-que-ísmo» [*nothing buttery*], o sea, reduccionismo. *No* es cierto que la biología no sea nada más que física y química, ni que la neurofisiología no sea nada más que bioquímica, ni que la psicología no sea nada más que neurofisiología, ni que la sociología no sea nada más que biología. Estas opas del nivel inferior sobre el nivel inmediatamente superior las vemos a lo largo de toda la jerarquía de complejidad. Sin embargo, cada nivel se refiere a un único aspecto de la realidad y debemos entender explícitamente las relaciones no exclusivas que unos niveles tienen con otros. Además, tanto la empresa científica como la teológica entrañan una indagación en la naturaleza de la realidad. Esto no es ninguna sorpresa para quienes hacen ciencia. Sin embargo, muy pocas personas en la actualidad (muchos, en especial si son políticos británicos, utilizan la palabra «teología» peyorativamente) parecen considerar también la empresa teológica como una indagación en la naturaleza de la realidad. Pero esto es lo que de hecho es, como espléndidamente se afirma en la frase inicial del informe de 1976 de la Comisión Doctrinal de la Iglesia de Inglaterra sobre *Creer cristianamente*:

> «La vida cristiana es una aventura, un viaje de descubrimiento, un periplo –sostenido por la fe y la esperanza– hacia una comunión plena y definitiva con el Amor que alienta en el corazón de todas las cosas».

Lejos de mí pretender que en mi indagación he llegado a lugar alguno de importancia universal. En el núcleo de las cosas habita un misterio que no solo requiere que todos los datos sean reunidos, sin descartar ninguno, sino que también exige la más intensa aplicación de la mente y del corazón y de la voluntad para entenderlos. Como científico, el gran Newton reconoció que, si había visto más allá que otros (¡algo que sin duda hizo!), ello se había debido a que estaba «subido a hombros de gigantes». Esto es tan cierto para la religión como para la ciencia. El gran sucesor de Newton, Einstein, observó: «La ciencia, sin la religión, está coja; la religión, sin la ciencia, está ciega». La formación recibida como científico imprime irrevocablemente en uno el deseo de preguntar: «¿Por qué?», y:

«¿Qué pruebas hay de ello?», en todos los asuntos, incluidos los que conciernen a la fe cristiana. He descubierto que la sobreentendida disyuntiva que subyace a la frecuente incredulidad de algunos, en especial científicos, cuando se ven confrontados con la existencia de un *sacerdote-científico* es igualada por la incomprensión del clero educado tradicionalmente, que no tiene conciencia alguna del reto que la visión científica del mundo plantea a la fe cristiana heredada. Son incapaces de entender «de dónde venimos» muchos de nosotros, los sacerdotes-científicos, en nuestros cuestionamientos teológicos, que ellos consideran teñidos de un injustificado escepticismo. Seguimos planteándonos la pregunta: «¿Por qué?», impresa en nuestra aproximación a todos los fenómenos, tanto naturales como «religiosos».

En todas estas experiencias espirituales de un científico de la naturaleza, en mi *religio philosophiae naturalis*, hay una condición previa que todos cuantos indagan en las realidades, ya naturales o divinas, deben cumplir. Es la actitud expresada en la oración de ese hombre devoto que fue *sir* Thomas Browne:

«Teach my endeavours so thy workes to read
that learning them, in Thee I may proceed».

(Enseña a mis esfuerzos a leer tus obras de modo tal
que, aprendiéndolas, pueda avanzar hacia ti).

Nadie ha expresado nunca esta necesidad de humildad mejor que el gran azote de eclesiásticos y «*bull dog*» de Darwin, Thomas H. Huxley, quien en una carta a Charles Kingsley, escritor y clérigo evangélico [*evangelical*], escribió:

«A mi juicio, la ciencia enseña de la manera más elevada y contundente posible la gran verdad corporeizada en la concepción cristiana del entero sometimiento a la voluntad divina. Siéntate ante los hechos como un niño pequeño, prepárate a renunciar a toda noción preconcebida, sigue a la Naturaleza adonde te conduzca, a cualesquiera abismos a los que te guíe, o no aprenderás nada. Hasta que me decidí a hacer esto asumiendo todos los riesgos, no empecé a sentirme satisfecho y a conocer la paz de espíritu».

8

Físico y sacerdote

JOHN POLKINGHORNE

El curso de mi peregrinación espiritual no ha estado jalonado por acontecimientos de intenso dramatismo. Ha habido, por supuesto, momentos de más profunda percepción y de mayor compromiso, pero no sorprendentes cambios de rumbo que requieran el uso de una clase de lenguaje afín al del camino de Damasco.

Mi compromiso con la religión es anterior a mi compromiso con la ciencia. Crecí en un hogar cristiano y, si bien mis padres no hablaban mucho de religión, esta desempeñaba sin duda un papel central en su vida. Asimilé de ellos el reconocimiento de la dimensión espiritual de la vida y adquirí el hábito de asistir a los oficios religiosos, que no he abandonado en ningún momento de mi vida.

Fui un niño listo, especialmente bueno en matemáticas, por lo que era natural que, al llegar a la universidad, cursara un grado en esa materia. Durante mis años de estudiante de grado en el Trinity College de Cambridge quedé fascinado por la forma en que la búsqueda de la belleza matemática es la llave para desentrañar los secretos del universo físico. Consiguientemente, cuando me decidí a hacer el doctorado, elegí como tema de mi tesis un problema de la teoría cuántica de campos (el formalismo básico para describir el comportamiento de las partículas elementales). Este fue el inicio de una larga carrera como físico teórico, en el curso de la cual llegué a ser catedrático de Física Matemática en Cambridge y director de un grupo de investigación grande y activo.

Durante todo ese tiempo hubo ciertos factores constantes que definieron y sustentaron mi vida religiosa. Uno de ellos fue la figura de Jesucristo. Hay en él algo misterioso, persuasivo, fascinante, profundamente esperanzador, lo que para mí implica que ninguna visión del sentido y propósito de la existencia que no tenga plenamente en cuenta a Cristo puede ser adecuada. Su muerte fue extraña –abandonado por sus amigos, soportando la oscuridad desde la que grita: «Dios mío, Dios mío, ¿por qué me has abandonado?», en apariencia un fracaso total– y, sin embargo, está la certeza de que ese no fue el final (pues, de lo contrario, nunca habríamos oído hablar de él), lo que me lleva a la fe en la resurrección.

Otro factor persistente es la experiencia de adoración. Soy un cristiano bastante monótono: no he conocido la hondura de una profunda experiencia mística de unidad ni la altura de un imponente encuentro con la numinosa otredad de Dios. En lugar de ello, mi espiritualidad se centra en una vida regular de oración y lectura de la Biblia en privado y de participación en la asamblea eucarística semanal de la comunidad cristiana, en la que obedecemos el mandato de «hacer esto» en memoria de Cristo. De un modo que me resulta difícil explicar, pero que es esencial y sustentador para mí, tales prácticas están en el centro de mi continuada vida espiritual.

Durante todo el tiempo que estuve trabajando como científico, no sentí tensión crítica alguna entre mis creencias científicas y mis creencias religiosas. Para hacer justicia a la riqueza de experiencia y verdad, he de decir que nunca me pareció que entre ellas existiera disyunción, sino más bien conjunción. Me siento muy feliz de aceptar la cosmología de la gran explosión (*Big Bang*) y la historia evolutiva y creer al mismo tiempo que la voluntad y el designio del Creador están detrás de todo ello. Existen, por supuesto, enigmas sobre qué relación guardan entre sí la comprensión científica y la teológica, pero jamás he tenido la sensación de haber detectado una colisión frontal entre ellas. Cuando tenía cuarenta y tantos años, empezaron a suceder dos cosas. Una fue que me dio por plantearme cómo quería pasar el resto de mi vida. Había disfrutado enormemente de formar parte de la comunidad de la física teórica, pero era consciente de que en las disciplinas de base matemática uno tiende a hacer sus contribuciones más útiles en la primera mitad de la vida profesional. Ocupaba un puesto de responsabilidad y no quería continuar en él cuando no fuera capaz ya de contribuir razonablemente al progreso del trabajo en nuestro grupo de investigación. Este sentimiento se reforzó por el hecho de que mi disciplina acababa de completar un periodo importante de su desarrollo (el descubrimiento de que la materia está compuesta por quarks) y estaba dando ya los primeros pasos en una dirección totalmente nueva. Además, en el ámbito familiar, nuestros hijos habían alcanzado el estadio en el que cada vez eran más independientes de nosotros, y eso significaba que mi mujer y yo habíamos recuperado cierto margen de maniobra dentro de nuestras propias vidas. Comencé a pensar que ya había aportado mi granito de arena a la física teórica y que había llegado el momento de decidir qué hacer a continuación.

Lo segundo que empezó a sucederme tuvo que ver con mi incorporación a un grupo que se reunía semanalmente para estudiar la Biblia y debatir a fondo cuestiones teológicas. Este grupo lo dirigía mi amigo Eric Hutchison, sacerdote anglicano, antiguo profesor de Teología en el Makere College de Uganda y psicoterapeuta jungiano. Eric es un extraordinario maestro y un brillante comunicador, y la participación en este grupo durante un periodo de varios años me abrió los ojos a la riqueza y la fascinación del pensamiento teológico. Esta experiencia influyó poderosamente en mí cuando ponderé cuál debía ser mi siguiente paso en la vida. Tenía que ser una decisión tomada conjuntamente con mi esposa, Ruth, puesto que era obvio que a ella le afectaría tanto como a mí. Supongo que de haber habido un momento dramático en mi peregrinación, este habría sido el lugar para él; lo cierto es que la decisión de renunciar a la cátedra y prepararme para el sacerdocio anglicano cobró forma con claridad, pero de manera en absoluto espectacular, en un periodo de dos o tres meses y, por fortuna, tanto en Ruth como en mí.

Mi vocación debía ser evaluada por las autoridades eclesiásticas, un proceso que me resultó útil y alentador; además, yo tenía que arreglar mis asuntos académicos y asegurarme de que no dejaba en la estacada a los jóvenes investigadores que se estaban formando conmigo. Todo esto requirió unos dieciocho meses. Mis compañeros físicos se quedaron sorprendidos, como es natural, y algunos incluso intrigados. Tuve una serie de conversaciones con distintos amigos en varios laboratorios de Europa y Estados Unidos, en el curso de las cuales traté de explicar, en respuesta a las preguntas que me formulaban, qué era lo que tenía pensado hacer y por qué la fe cristiana era tan central e importante para mí, hasta el punto de considerar razonable este paso. Más tarde, estas conversaciones retornaron a mi mente y comencé a ver lo que idealmente debería haber dicho si hubiera tenido tiempo e ingenio suficientes para desarrollar el tema de forma adecuada. Esto llevó a mi primer libro sobre la interacción de ciencia y religión, *The Way the World Is*, que se publicó en 1983 y no ha dejado de reimprimirse desde entonces[1].

1. Cf. J. POLKINGHORNE, *The Way the World Is*, Triangle/Eerdmans, London / Grand Rapids, Mich. 1983.

Entretanto, tuve que prepararme para el ministerio. En octubre de 1979, justo antes de cumplir 49 años, me matriculé como estudiante en Westcott House, un seminario anglicano en Cambridge. Fue extraño convertirme de nuevo en estudiante a esa edad (¡es más fácil dar clases que escucharlas!), pero disfruté enormemente de la experiencia, así como de la compañía de mis talentosos compañeros más jóvenes. En Westcott aprendí muchas cosas, desde griego y hebreo a teología sistemática y cómo trabajar con niños con múltiples discapacidades; pero la lección más importante que extraje del tiempo que pasé allí tiene que ver con el valor espiritual del oficio diario. Como sacerdote anglicano, estoy obligado a rezar fielmente la oración matutina y vespertina (con su uso de los salmos y la Escritura), día tras día, semana tras semana, año tras año. He descubierto que esto proporciona a mi vida el disciplinado marco de referencia que necesito. No niego que a veces me siento cansado y desearía no tener que rezar el oficio e incluso que –solo ocasionalmente, cuando se me ha trastocado mucho la rutina– puedo olvidarme de hacerlo, pero el oficio sigue siendo la valorada dieta básica de mi observancia religiosa.

En esta época, más o menos, entablé una nueva relación que ha sido de capital importancia para mí. Recibí una carta de una monja que había asistido a algunas de mis conferencias cuando ella estudiaba en Cambridge y, a través de ella, conocí la Sociedad de la Sagrada Cruz, una comunidad religiosa anglicana que sigue un estilo de vida cisterciense, justo al otro lado de la frontera con Gales, en las afueras de Monmouth. El convento de Tymawr se ha convertido en mi hogar espiritual. Rezo con regularidad por las hermanas, y ellas lo hacen por mí, e intento visitarlas todos los años; cuando voy, parte del tiempo lo paso retirado en silencio. No hablar con nadie durante unos cuantos días, salvo con Dios en los oficios religiosos que se suceden con regularidad, puede sonar un tanto extraño y aburrido; pero, de hecho, resulta espiritualmente reconfortante y vuelve a centrar la vida de uno en la realidad espiritual.

Los ingleses creemos firmemente en el sistema de aprendices, o sea, en aprender trabajando, y lo cierto es que hay mucho sobre la vida de un sacerdote que solo se puede aprender viviéndolo, al principio bajo la guía de alguien más experimentado. Por eso, en la Iglesia de Inglaterra a los recién ordenados [a quienes se conoce como *curates*, coadjutores] se les exige que durante tres años «hagan honor a su título» [*serve their title*], esto es, que sean coadjutores, clérigos ayudantes supervisados por el responsable [*vicar*] de la parroquia en la que están trabajando. Yo «hice honor a mi título» en una gran parroquia de clase obrera en el sur de Bristol. Pasé mucho tiempo recorriendo el barrio, conociendo gente, llamando a las puertas y esperando a ver qué pasaba. Era bastante diferente de la vida de un profesor universitario de Cambridge, pero lo disfruté mucho, en buena parte gracias a mi sabio y cordial párroco, Peter Chambers.

Cuando mi tiempo en Bristol tocaba ya a su fin, viví una experiencia traumática y totalmente inesperada. Enfermé gravemente por primera vez en mi vida. Acabé en la Bristol Royal Infirmary, conectado a varios goteros mientras me restablecía de una cirugía de urgencia. De repente, mi mundo había quedado drásticamente reducido a los confines de una cama de hospital. Estaba muy débil, Dios parecía infinitamente lejano, y todo se me hizo cuesta arriba hasta el punto de que me resulta imposible orar. En todo esto, sin embargo, era muy consciente de que había mucha gente rezando por mí: mi familia, mi parroquia, las hermanas de Tymawr. Por dos veces tuve, estando despierto, una especie de sueño –o visión, supongo que cabría decir– de una hermana arrodillada en la capilla de Tymawr, inmóvil en oración silente ante el altar, como tantas veces las había visto hacer durante mis visitas.

Esta visión fue una gran fuente de aliento para mí y sentí que había aprendido algo sobre la comunión que los cristianos pueden tener unos con otros a través de la oración. La convalecencia fue larga, pero con el tiempo recuperé plenamente la salud e inicié mi ministerio como párroco en solitario en Blean, un pueblo bastante grande pegado a Canterbury. Mientras recorría las calles de Bristol, entre visita pastoral y visita pastoral, había pensado de vez en cuando sobre la relación entre la visión científica y la visión teológica de la realidad. Poco a poco había ido cobrando forma en mi mente un libro, pero hasta que llegué a Blean no encontré tiempo para empezar a escribirlo. El resultado fue *One World*[2]. El título condensa lo que creo sobre la preocupación dual de mi vida, la ciencia y la religión: una y otra persiguen aspectos diferentes y, no obstante, complementarios de la verdad sobre el único mundo de la experiencia humana, formado por múltiples estratos.

Tras dos años de párroco, hablé con mi obispo sobre cómo marchaban las cosas. Le expliqué que me sentía muy feliz en la parroquia, pero que con el tiempo esperaba encontrar alguna oportunidad de desarrollar mi faceta intelectual en mayor medida de lo que me era posible en un escenario puramente pastoral. Unos cuantos meses después, de manera no buscada ni esperada, recibí la oferta de regresar a Cambridge como *dean* de Trinity Hall. Este sería un trabajo en parte pastoral y en parte académico. Le dije al obispo que el trabajo me resultaba atractivo, pero que me inquietaba la idea de dejar la parroquia tan pronto. Me replicó que parecía haber recibido la clase de puesto que le había descrito en nuestra conversación anterior y que, en su opinión, debía

---

2. Cf. Íd., *One World*, SPCK, London 1986 (y Princeton University Press, Princeton, 1987).

considerar seriamente la posibilidad de aceptarlo. Y al final lo acepté.

En mi decisión influyó una convicción que había arraigado en mí en el curso de esos primeros años de ministerio ordenado; a saber, que parte de mi vocación era pensar y escribir sobre la relación entre la ciencia y la teología. En los diez años que llevo en Cambridge desde entonces, esta ha sido mi principal preocupación intelectual y, fruto de ella, he escrito una serie de libros sobre la materia. Los libros no son el desarrollo de un plan preconcebido, pues solamente puedo ver un camino claro para el libro que me planteo escribir en cada momento. Primero se me ocurre un tema: la teología natural, la acción providente de Dios, cómo acometer con hábitos científicos de pensamiento la justificación de los fundamentos de la fe cristiana, las diferencias que van perfilándose entre los enfoques de otros científicos-teólogos, en concreto Ian Barbour y Arthur Peacocke, y el mío. Luego dedico un año a pensar y leer al respecto. Llega un momento en que en mi mente se agolpan tantas ideas que la única manera de poner orden en ellas es intentar escribir en qué se concreta todo eso. Este acto de cristalización es muy importante para mí. Soy una de esas personas que no saben lo que piensan hasta que lo ponen por escrito.

Soy un escritor muy conciso. Pienso que esto es en parte resultado de mi formación científica: uno aprende a escribir aquello que quiere decir y a detenerse ahí, resistiéndose a toda tentación de reiterarse o explayarse innecesariamente. También me encanta el acto mismo de escribir, la búsqueda de la palabra o frase adecuadas. Es uno de los grandes placeres de mi vida. El resultado ha sido una serie de libros cortos de unas ciento veinte páginas, aunque mis Gifford Lectures (*Science and Christian Belief*, publicadas en Estados Unidos como *The Faith of a Physicist*) son más extensas, porque pretenden abordar cuestiones centrales de la fe cristiana en una secuencia de capítulos tejidos alrededor de citas del credo niceno[3].

Esta actividad autoral ha llevado asociados numerosos viajes e intervenciones públicas, desde conferencias académicas hasta charlas a grupos pequeños de personas interesadas, pasando por conferencias de otras clases y alocuciones a clérigos. La mejor parte de tales eventos son los minutos finales de preguntas y comentarios. Uno escucha y responde entonces a las auténticas inquietudes de la gente. Estoy hondamente impresionado por la frecuencia con la que el problema del mal y del sufrimiento aparece en la conversación, sea cual sea el tema de la conferencia precedente. Aquí late un gran misterio y siempre intento ser suficientemente cuidadoso para no sugerir que existe respuesta fácil a tan dolorosa perplejidad. No obstante, me alegro de que la ciencia puede prestarnos, en mi opinión, una modesta ayuda. Hemos aprendido que vivimos en un universo en evolución. Teológicamente, esto se puede entender en el sentido de que Dios no creó un mundo ya acabado, sino algo más profundo que eso: un mundo capaz de hacerse a sí mismo. Haber otorgado a la creación esta libertad para ser y hacerse a sí misma es un don amoroso del Creador. Los biólogos nos dicen que tan fecunda historia conlleva un coste necesario. Justo los mismos procesos bioquímicos que permiten que las células muten y produzcan nuevas formas de vida –la fuerza misma que impulsa la evolución– capacitarán inevitablemente a otras células para que muten y devengan malignas. La existencia del cáncer en la creación

---

3. Cf. ÍD., *Science and Christian Belief,* SPCK, London 1994. Este mismo libro se publicó en Estados Unidos con el título: *The Faith of a Physicist*, Princeton University Press / Fortress, Princeton/Minneapolis 1994, 1996 [trad. esp.: *La fe de un físico: Reflexiones teológicas de un pensador ascendente*, Verbo Divino, Estella (Navarra) 2007].

no se debe a la incompetencia o el descuido divinos; es el coste ineludible de un mundo evolutivo.

Ni por un momento estoy sugiriendo que esta idea científica sea suficiente para disipar el tormento y el enojo de unos padres que ven morir a su hijo de leucemia. La respuesta cristiana al problema del sufrimiento es mucho más profunda que eso. El Dios cristiano no se limita a ser un espectador benevolente de la agonía de la creación, sino que sufre junto con ella. Creemos que en la cruz de Cristo vemos a Dios abrazar y aceptar la oscuridad del abandono y el dolor humanos, propiciando así su eventual derrota. Este mundo, por sí solo, no tiene sentido pleno, pero la resurrección de Cristo es la semilla a partir de la cual ha comenzado a crecer una nueva creación transformada y sanada. Estos pensamientos misteriosos y conmovedores son esenciales para mi propia fe y esperanza cristiana. Me posibilitan la fe religiosa.

Tras tres años en el Trinity Hall, recibí una inesperada invitación para ser presidente de otro *college* cantabrigense, el Queens'. Una vez más tuve que ponderar cuidadosamente mi decisión, pues el cargo de presidente es puramente secular y yo no había sido ordenado para convertirme en administrador académico. Sin embargo, dos razones me persuadieron de que debía aceptar el ofrecimiento. Una fue que los *colleges* de Cambridge son pequeñas comunidades académicas en las que el personal y los estudiantes hacen vida común, por lo que ser presidente de uno de ellos es mucho más que desempeñar simplemente un papel en la dirección de una institución. Tiene una suerte de dimensión pastoral. La otra consideración era que el Queens', como todos los *colleges* históricos de Cambridge, es una fundación no solo académica, sino también religiosa. En el *college* hay una capilla, y los sucesivos *deans* han sido amables y hospitalarios conmigo, permitiéndome participar plenamente en el culto, de modo que predico y celebro la eucaristía con regularidad.

Escribo este texto en el último año de mi presidencia. Una vez que me jubile, espero, Dios mediante, continuar pensando y escribiendo e impartiendo conferencias. También espero encontrar alguna forma para continuar ejerciendo honorariamente y a tiempo parcial el ministerio presbiteral. Mi vida ha sido variada y no ha estado exenta de sorpresas, sobre todo en los últimos diecisiete años. Cuando di un giro profesional y me hice clérigo, muchas cosas cambiaron para mí. Otras muchas permanecieron, sin embargo, iguales. De estas últimas, dos han sido de la máxima importancia. En mis dos carreras profesionales, primero como científico y más tarde como pensador sobre asuntos teológicos, me he esforzado por buscar la verdad, por comprender la rica realidad de la experiencia humana en todos sus niveles. A lo largo de mi vida, ya como físico, ya como sacerdote, y todo el tiempo como ser humano, he sido sostenido por la práctica de la oración y la participación en los sacramentos, inspirado por la figura de Cristo y colmado de una esperanza que se centra en él y se extiende más allá de la muerte a la vida en el mundo que ha de venir.

9

Hacia un ministerio peculiar

RUSSELL STANNARD

¿Cómo llegué a ser cristiano? No estoy del todo seguro. Ciertamente, no hubo ningún momento dramático de conversión, ningún abrupto punto de inflexión en mi vida. La religión se me acercó sigilosamente, sin darme yo cuenta. Supongo que sucedió más o menos así:

Los primeros años de mi vida estuvieron dominados por la Segunda Guerra Mundial. Entre los ocho y los catorce años, pasé la mayor parte del tiempo fuera de casa. Al igual que la mayoría de los niños que vivían en Londres, mi hermano menor Don y yo fuimos evacuados a otra parte del país para estar a salvo de las bombas. Fuimos a vivir con nuestra abuela. Era una mujer que instauraba una disciplina temible; gobernaba la casa con mano de hierro. Nos propinaba palizas e imponía otros castigos con regularidad, como había hecho mientras criaba a mi madre y a sus otros nueve hijos.

Hacía tiempo que se negaba a volver a pisar la parroquia anglicana del pueblo, a causa de una disputa que había tenido con el párroco sobre la manera descuidada en que este se inclinaba sobre el púlpito cuando predicaba. Mi abuela no toleraba ver a nadie con los hombros caídos; uno tenía que mantenerse erguido, ya estuviera sentado o de pie. Aunque la parroquia era territorio prohibido, ella insistió en que fuéramos a la catequesis dominical... a la capilla metodista. Allí fue donde recibí mi iniciación a la fe cristiana.

Pasados tres años, mi hermano y yo conseguimos aprovechar un periodo de relativa calma en los bombardeos para regresar a casa a Londres. Un año más tarde aprobé un examen que me permitió acudir a la Archbishop Tenison's Grammar School, un instituto público de enseñanza secundaria. Sin embargo, para evitar los bombardeos, el propio instituto fue trasladado a las afueras de la pequeña ciudad de Reading; así que allí fue donde me tocó pasar los dos años siguientes de la guerra.

Durante ese tiempo residí en la bella casa de un adinerado director de empresa y su esposa, ex fotógrafa de moda. Habiéndome criado en un vecindario de clase obrera, aquello fue como entrar en un mundo diferente. La tía Bee y el tío Bill (como terminé llamándolos) eran personas amables, temerosas de Dios. Se daba por sentado que debía acompañarlos todos los domingos a la iglesia. Yo iba con ellos por sentido del deber. Nos hicimos muy amigos; y después de la guerra seguí visitándolos durante mucho tiempo, hasta que murieron. Todavía poseo un telescopio de latón que me regaló el tío Bill, un recuerdo de las frías noches que él y yo solíamos pasar mirando estrellas a través de aquel instrumento.

Al terminar la guerra, el instituto fue trasladado de vuelta a Londres y, por fin, pude regresar a casa permanentemente. Gracias a Dios, mis padres habían sobrevivido ilesos a los bombardeos, a pesar de haberse visto en numerosas situaciones críticas; y el edificio de apartamentos en el que vivíamos, aunque seriamente dañado por una bomba que impactó al otro lado de la calle, aún se mantenía en pie.

Mi madre era de esas personas que acuden a la iglesia el domingo de Pascua y en Navidad. Mi padre nunca iba; no tenía tiempo para la religión, pues lo consideraba asunto de mujeres. Yo, liberado de todo sentimiento de obligación de acudir a la iglesia con regularidad, iba dos veces al año, para acompañar a mi madre. Así pues, de mis padres poco aprendí sobre religión.

No obstante, eran padres maravillosos, y nunca podré agradecerles todo lo que hicieron por mí. Procedían de entornos muy humildes. Mi padre era portero en un edificio de oficinas, y mi madre trabajaba como conductora de autobuses. Ninguno de los dos había tenido educación formal alguna después de los catorce años. En el barrio donde vivíamos, la educación no se valoraba. Cuando obtuve la beca que me llevó al instituto de secundaria, el director de la escuela me colocó ante del resto de alumnos y me encomió como modelo. Todavía puedo oírle exclamar: «¡Este niño está en el primer peldaño de la escalera!». Antes de esto, nunca habían tenido, que se recordara, a ningún alumno capaz de aprobar un examen externo; era esa clase de centro. Y, sin embargo, mis padres recortaron gastos y ahorraron y se sacrificaron para que yo pudiera seguir estudiando más allá de la edad en la que era habitual abandonar la escuela, de suerte que obtuviera títulos adicionales que me abrieran las puertas de la universidad. Luego necesité tres años para lograr mi primer grado universitario, seguidos de otros tres trabajando en el doctorado. Mi padre solía burlarse de mí preguntándome cuándo me iba a convertir en «un hombre de verdad y conseguir trabajo como todo el mundo». Pero yo siempre era consciente de que en su corazón intuía que «toda esa educación» era importante para mí, y saltaba a la vista que se sentía orgulloso de los progresos que iba realizando.

No sé cómo se estableció, pero entre mi instituto de secundaria y la iglesia de St. Martin-in-the-Fields, en Trafalgar Square, siempre había existido cierta vinculación. Seguramente se debió a que Tenison, antes de ser arzobispo, estuvo asociado con esa iglesia. Fuera cual fuera la razón, el caso es que el instituto celebraba anualmente un oficio religioso en la iglesia. Puesto que en mis dos últimos cursos en el instituto fui el delegado de alumnos, en estas celebraciones tenía la responsabilidad de subir al púlpito a leer una de las lecturas. Estas ocasiones –en general, el ambiente de St. Martin– tenían algo que de inmediato resonó en mi interior. Solo puedo llamarlo «conciencia de lo numinoso». Era una sensación muy especial, y me sentía atraído al lugar. Quería volver allí.

Y luego llegó el día (a la sazón tendría diecisiete o dieciocho años) en que me sentí obligado a decirle a mi padre que quería ir a la iglesia. No sé por qué, pero esa fue una de las conversaciones más difíciles que he mantenido en mi vida. Él sencillamente no podía entender cómo alguien (en particular un *varón*) querría hacer algo así. Pero así fue como comencé a acudir a St. Martin.

Poco después de eso, la tía Letty le sugirió a mi hermano que debía confirmarse. Ella era su madrina y se tomaba en serio sus responsabilidades. Como mis padrinos habían muerto, ella se encargó también de sugerir que yo, hermano mayor de Don, debía darle buen ejemplo confirmándome también. Así que ambos nos inscribimos en la catequesis de confirmación en la parroquia de St. Martin. La dirigía el reverendo Austin Williams, quien a la sazón era coadjutor allí. La catequesis era totalmente informal; no seguíamos ningún programa, al menos ninguno que yo pudiera percibir. Las reuniones consistían en charlas sobre el cristianismo. No recuerdo qué fue en concreto lo que aprendí de Williams durante esas sesiones en lo relativo a la doctrina, pero sé que me afectaron profundamente. Fue la primera vez que sentí que estaba de verdad en presencia de un hombre de Dios. Si al principio de esas catequesis había tenido dudas de si era cristiano o no, al final de ellas no me quedaba ninguna. Fue en gran medida uno de esos casos en que la religión, más que ser enseñada [*taught*], es captada [*caught*]. He dicho anteriormente que no he vivido ninguna experiencia de conversión, y es cierto. Pero si me forzaran a elegir un periodo de transición, tendría que ser el tiempo que duró esta catequesis.

Eso sí, en los años subsiguientes nunca estaba seguro de si mi fe iba a perdurar o no. Los domingos, sentado en los bancos de la iglesia, solía cavilar preocupado sobre qué me depararía el futuro. Esta fe que tan sigilosamente se me había acercado, adueñándose de mí, ¿seguiría teniéndome asido o desaparecería de manera igual de misteriosa? Cuando me calentaba con angustia la cabeza sobre esto, estaba claro que no podía más que decir: «Señor, creo; pero ayúdame a tener más fe». Tuvo que pasar largo tiempo, en concreto décadas, antes de que estas preocupaciones desaparecieran y yo me quedara con la conciencia de que mi relación con Dios había devenido tan real, tan parte de mí, que ahora resultaba inconcebible que pudiera ser de otra forma. A veces desearía tener una máquina del tiempo que me permitiera regresar al pasado y asegurarle a aquel muchacho lleno de dudas pero fervoroso que solía ser yo que iba a permanecer de hecho fiel a la fe.

Esa creciente confianza se la debo principalmente a alguien que conocí cuando tenía treinta y pocos años. Por aquel entonces, ya estaba casado y había formado una familia y asistía a la iglesia de St. Andrew en Roxbourne. Era una iglesia moderna corriente en un suburbio corriente del norte de Londres, pero el párroco, el Rev. Edward Nadkarni, no tenía nada de corriente. Era indio. De niño, le había horrorizado la forma inmisericorde en que su madre había sido repudiada por la familia y los «amigos» a la muerte de su marido, el padre de Edward. Según la costumbre, ni ella ni sus hijos tenían ya estatus alguno en la sociedad. El único amor, la única compasión que experimentaron en esta época traumática los recibieron de misioneros cristianos. El joven Edward se convirtió al cristianismo. Tras emigrar a Inglaterra, fue ordenado ministro de la Iglesia anglicana. Nad, como era conocido afectuosamente por todo el mundo, conservó durante toda su vida el celo del converso. Su inquebrantable y apasionada devoción por el Señor Jesús nos dejaba a todos en evidencia. Era totalmente intolerante con todo lo que oliera a religión poco entusiasta, tibia. En una serie de ocasiones, esto propició escenas tempestuosas. (Nad era irascible, pero pedía perdón con la misma facilidad con la que se encendía). Estos fogosos estallidos ocasionaron la pérdida de varios miembros de la parroquia, aquellos a quienes los llamamientos de Nad al compromiso total les resultaban demasiado incómodos. Pero a otros les inculcó la más profunda devoción. Para nosotros fue una inspiración, un hombre entregado sin reservas a Dios. De mí se ganó un respeto y un afecto como nunca antes ni después he sentido por nadie. Veinte años después de su prematura muerte a los cincuenta y tantos años a causa de un infarto de corazón, todavía tengo una fotografía de él sobre la mesa en mi despacho de casa.

Fue Nad quien me sugirió que me formara para ser *reader*. En la Iglesia de Inglaterra, un *reader* [literalmente, lector] es una suerte de predicador laico. En aquel entonces, yo nunca había oído hablar de esta figura eclesial, pero, a medida que fui aprendiendo más acerca de las funciones que desempeña, me di cuenta de que Nad tenía razón: era justo la forma en que yo podía contribuir más eficazmente a la obra de la iglesia. Tres años más tarde, terminada mi formación, subí de nuevo al púlpito, no ya como un muchacho nervioso que va a leer una lectura, sino como alguien embarcado en un ministerio de predicación.

Los *readers* son trabajadores eclesiales no remunerados. Tienen un ministerio peculiar en tanto en cuanto proceden de todas las condiciones sociales y formas de vida y desempeñan la más amplia variedad posible de trabajos a tiempo completo. Es el hecho de que pasan su jornada laboral en el mundo secular lo que puede imprimir a su predicación una relevancia especial, un toque de cotidianeidad del que a veces carecen los clérigos que han pasado directamente de la escuela al seminario y de este al ministerio ordenado.

Pronto se perfiló con claridad la forma que mi peculiar ministerio debía adoptar. Por aquel entonces, yo era científico, profesor de Física en el University College de Londres, después de haber pasado un año en el Radiation Laboratory de Berkeley (California). Estaba involucrado en la investigación en física nuclear de altas energías en el Rutherford Laboratory de Harwell y en el CERN, el Centro Europeo de Investigación en Física Nuclear, con sede en Ginebra (Suiza). A la gente le extrañaba que un científico fuera también predicador. ¿No eran incompatibles la ciencia y la religión?, solían preguntar. Comencé a ser invitado a impartir charlas y moderar debates sobre el tema, sobre todo en institutos para beneficio de jóvenes de entre dieciséis y dieciocho años. En el proceso, tuve que clarificar mis propios pensamientos sobre la relación existente entre mi ciencia y mi religión. Me di cuenta reiteradamente de que, cuando impartía una de estas charlas, alguien me preguntaba si existía un libro sobre el tema que los jóvenes pudieran leer si deseaban ahondar en él. En aquella época no existía realmente nada que pudiera recomendar.

El punto crítico se alcanzó cuando me invitaron a las Islas del Canal de la Mancha para dirigir un día entero de charlas y debates sobre la relación entre ciencia y religión para ciento cincuenta escolares escogidos de todo Jersey. Su entusiasmo fue tan grande que, al no haber disponible ningún libro, una buena parte de ellos compraron cintas magnetofónicas con grabaciones de las distintas actividades del día. De vuelta en casa, enseguida me puse manos a la obra y escribí mi primer libro *Science and the Renewal of Belief* [SCM Press, London 1982; La ciencia y la renovación de la fe].

Eso abrió las compuertas. Las invitaciones para impartir charlas y participar en debates llegaban ahora de todas partes. Comencé a aparecer en televisión y radio. Esto se debió en parte a que había abandonado el University College para incorporarme a la recién creada Open University. Esta fue la primera universidad de esta clase, dedicada a la enseñanza de estudiantes adultos a través tanto de manuales escritos específicamente con este propósito como de programas emitidos en los principales canales de televisión y radio de la BBC. Veintisiete años después de su creación, la Open University es la mayor universidad, con mucho, del Reino Unido, con ciento cuarenta mil estudiantes. Trabajando en la Open University, adquirí pericia como comunicador y como escritor. Así, empecé a familiarizar con los debates sobre el diálogo entre ciencia y religión a audiencias cada vez mayores.

A lo largo de este periodo, fui muy consciente de las dificultades que encuentra cualquiera que trate de salvar el abismo entre disciplinas. Por formación, experiencia e inclinación natural, uno aborda la línea divisoria desde uno de los lados. Siempre existe el peligro de hacer el ridículo cuando uno se aventura a hablar fuera del ámbito seguro de su especialidad. A pesar de mi previa formación teológica como *reader*, mi campo de especialización era sin duda la ciencia, y en más de una ocasión me sentí incómodamente expuesto cuando la atención se centraba en cuestiones teológicas. En un esfuerzo por reparar en parte este desequilibrio, me tomé un curso sabático como físico (1987-1988) para pasar ese tiempo en el Center of Theological Inquiry de Princeton (Nueva Jersey). Fue una experiencia fascinante encontrarme a diario en compañía de teólogos y filósofos de la religión. Intuía que solamente con una inmersión semejante podía desarrollar sensibilidad para algunas de las preocupaciones sentidas al otro lado de la divisoria. El fruto de mi estancia en Princeton fue el libro *Grounds for Reasonable Belief* [Scottish Academic Press, Edimburgh 1989; Motivos para una fe razonable].

Por esta época, alentado por mi mujer, Maggi, que era maestra de primaria, empecé a interesarme por escribir para niños, sobre todo de entre diez y doce años. Quería transmitirles algo del entusiasmo que yo mismo había experimentado al ser introducido a la física moderna y, en especial, a la teoría de la relatividad de Einstein. Hacía ya tiempo que me había dado cuenta de lo difícil que era hacer que los adultos se interesasen por el tema. «Nunca se me ha dado bien la física», o: «Seguro que uno tiene que ser un genio para entender algo de eso», eran reacciones típicas. Cuando insistía en explicarles que nada puede viajar más rápido que la luz y que, conforme uno aumenta su velocidad, el tiempo se ralentiza y el espacio se comprime, me miraban con incredulidad y exclamaban que eso sencillamente no podía ser cierto: contradecía el sentido común. Luego encontré una cita del propio Einstein en la que declara que el sentido común no consiste sino en las capas y capas de prejuicios que se han asentado en la mente antes de los dieciochos años. Esa afirmación fue la que me llevó a la conclusión de que es necesario apresurarse a presentar la relatividad antes de que la mente se acostumbre en exceso a la idea de que solo hay un tiempo y un espacio, de que tenemos que actuar antes de que la mente de los niños se fosilice.

Así, escribí *The Time and Space of Uncle Albert* [Faber and Faber, London 1989; trad. esp.: *El tiempo, el espacio y el tío Albert*, Celeste, Madrid 1993]. Se trata de un relato de aventuras de ciencia ficción, solo que aquí la ciencia, más que ficción, es *real*. La protagonizan un personaje llamado tío Albert (inspirado libremente en Einstein) y su sobrina, Gedanken. Me alegra poder decir que se convirtió de inmediato en un éxito de ventas y que ha sido traducido a quince idiomas. A este libro le siguieron rápidamente otros, entre ellos *Black Holes and Uncle Albert* [trad. esp.: *Los agujeros negros y el tío Albert*, Celeste, Madrid 1993], *Uncle Albert and the Quantum Quest* [El tío Albert y la búsqueda cuántica], *World of 1001 Mysteries* [El mundo de los 1001 misterios] y *Our Universe* [Nuestro universo].

Al poco de publicarse mi primer libro para niños, asistí a un congreso sobre la relación entre ciencia y religión. También estaba John Hull, catedrático de Educación Religiosa en la Universidad de Birmingham. Durante un receso entre sesiones, John hizo un aparte conmigo: «¿Sabes cuál tendría que ser tu próximo proyecto, Russ? Deberías hacer por Dios lo que has hecho por Einstein». Cuando le pregunte qué diantres quería decir con eso, respondió que las encuestas (en el Reino Unido) mostraban que los niños empiezan a alejarse de la religión alrededor de los once años. Ese alejamiento persiste hasta los dieciocho o diecinueve años. Investigaciones exhaustivas revelan que existen dos principales razones para esta radicalización de actitudes: 1) la incapacidad de entender el problema del mal y el sufrimiento, o sea, por qué un Dios omnipotente y bueno permite que ocurran cosas malas; y 2) la percepción de que existe un conflicto entre la religión, por una parte, y lo que acaban de aprender en las clases de ciencias, por otra. A estos muchachos les preocupan ante todo cuestiones tales como la evolución por selección natural, la cosmología de la gran explosión y si aún es posible creer en milagros. John sugirió que, al igual que yo estaba apresurándome a difundir las ideas de Einstein antes de que los niños se habituaran en exceso a formas erróneas de pensar sobre el mundo, era importante apresurarse a comunicar ideas sobre la compatibilidad entre la religión y la perspectiva científica moderna antes de que la errónea idea de que existe un conflicto inevitable entre ambas se afianzara en la mente de los chicos y les llevara a rechazar la religión.

Fue así como surgió la idea de escribir *Here I Am!* [Faber and Faber, London 1992; ¡Aquí estoy!], en el que un muchacho o muchacha llamado Sam (que podría ser Samuel o Samantha, eso lo dejo a elección del lector) conversa a través de un ordenador con alguien que asegura ser Dios (pero podría ser igualmente un *hacker* humano; que decida otra vez el lector). Las conversaciones tratan por extenso de la relación entre ciencia y religión, del mal y el sufrimiento, etc. Al final del libro, el lector es invitado a reflexionar sobre unas cuarenta preguntas a la luz de la información facilitada y los puntos de vista expresados en las conversaciones.

Mi siguiente gran trabajo para adolescentes fue la realización de la serie audiovisual *The Question Is...* [La pregunta es...], que consta de cuatro programas de veinte minutos dedicados, respectivamente, a la creación y la cosmología, el Génesis y la evolución, los milagros y las leyes de la naturaleza y, por último, la pregunta de si la ciencia representa el único camino hacia el conocimiento. Se grabó en los estudios de la BBC en la Open University con financiación de la John Templeton Foundation. Sin decirles a los muchachos qué deben creer y qué no, la serie ofrece información sobre ciencia, teología y crítica bíblica, además de un amplio espectro de puntos de vista opuestos, que van desde el ateísmo, por un lado, a una variedad de credos vividos de forma comprometida, por otro. Lo que se pretende es que los chicos y chicas extraigan sus propias conclusiones, pero conclusiones basadas en información sólida antes que esas otras que, de lo contrario, tenderían a extraer a partir de pensamientos confusos e ideas equivocadas sobre qué puede decir la ciencia y qué no.

Durante toda la elaboración de esta serie de vídeos trabajé en estrecho contacto con profesores de instituto para asegurarme de que lo grabado respetaba el *ethos* de las lecciones escolares y abordaba realmente las necesidades que surgen en el aula. Fue, por tanto, gratificante enterarme de que, a los quince meses de la presentación de la serie en una conferencia de prensa celebrada en el Science Museum de Londres, el treinta por ciento de los centros de enseñanza secundaria del Reino Unido habían adquirido una copia.

Aunque últimamente me he concentrado en las necesidades de los adolescentes (porque considero que es en esta franja de edad donde mayor impacto puedo lograr, ya sea explicando ciencia convencional, ya la interacción entre ciencia y religión), sigo trabajando con adultos. Este mismo año BBC Radio 4 ha emitido una serie mía titulada *Science and Wonders* [Ciencia y maravillas]. Consistía en cinco programas de cuarenta y cinco minutos dedicados a conversaciones con cuarenta científicos, teólogos, filósofos y psiquiatras de ambos lados del Atlántico. Hablé de las ideas de Freud sobre la religión con un psiquiatra, sentados ambos en el famoso diván de Freud; le pregunté qué recepción tuvo en su día *El origen de las especies* a un biólogo que estaba sentado en la silla en la que Darwin escribió su libro; analicé con una experta en inteligencia artificial hacia dónde es probable que nos conduzca esta mientras escuchábamos música de jazz improvisada por un ordenador en respuesta a lo que él, a su vez, estaba escuchando interpretar a músicos humanos. Hubo muchas, muchas conversaciones fascinantes.

Science and Wonders se emitió en la emisora de radio más popular del Reino Unido en horario de máxima audiencia por la tarde-noche. No hace mucho, algo así habría sido inimaginable. Combínese esto con la extraordinaria acogida de los vídeos de *The Question Is...*, y tenemos un signo seguro del enorme interés que se está suscitando en esta área. Me alegra y llena de júbilo pensar que mi itinerario personal a través de la religión me ha conducido al meollo de toda esta actividad.

Y, sin embargo, he de procurar mantener una cierta mesura. Existe el peligro de que la naturaleza especial de mi peculiar ministerio favorezca en mí una vida espiritual desequilibrada. Una gran parte de mi tiempo y esfuerzo lo dedico a *argumentar* sobre la religión y su relación con otras disciplinas, como la física, la biología evolutiva, la genética, la cosmología, la psicología, etc. Pero soy muy consciente de que a nadie *se le persuade con argumentos* para que entable una relación amorosa con Dios, al igual que nadie puede esperar que se le persuada con argumentos para iniciar una relación amorosa con su futura esposa o esposo. No es así como se llega a conocer y amar a Dios. Argumentar sobre la religión no puede ser más que un primer paso, un medio de apartar obstáculos del camino que uno está recorriendo, obstáculos que dificultan tomar en serio la religión. Así entendido, puede resultar, sin duda, útil. A muchas personas les *gustaría* bastante examinar las afirmaciones de la religión en mayor profundidad; pero, a consecuencia de la creencia errónea de que la ciencia ha refutado en cierto modo la religión, sienten que no pueden hacer eso con integridad intelectual. Si soy capaz de mostrar que tales reservas carecen de fundamento, abriendo así a estas personas a los impulsos del Espíritu y haciéndolas receptivas a una religión que puede acercárseles sigilosamente igual que se me acercó a mí hace ya largo tiempo, ello me llenará de satisfacción.

10

Recuerdos y expectativas personales

CARL FRIEDRICH VON WEIZSÄCKER

¿En cuál de mis experiencias encontré la religión? ¿Cómo reaccioné? Desciendo de una familia evangélico-luterana. Mi bisabuelo por línea paterna fue teólogo. Mi madre me enseñó a orar con convicción profunda. Siendo todavía un niño pequeño, durante la guerra [la Primera Guerra Mundial], rezábamos a Dios para que protegiera a mi padre y a otros familiares.

Empecé a leer la Biblia con doce años y me conmovió profundamente la verdad del Sermón de la montaña. En mi escrito sobre el rumbo actual de la política relaté esto bajo el epígrafe: «Guerra y paz». No matarás. Amarás a tus enemigos. Probablemente como el científico de la naturaleza nato que soy, deseaba ser astrónomo. Pero, como resultado de mis experiencias, me preguntaba, ¿no debería hacerme pastor luterano? ¿No era ahora la tarea de mi vida predicar la verdad?

Muchas personas de mi generación perdieron la fe religiosa a consecuencia de las ciencias de la naturaleza. ¿Es posible creer todavía en los relatos de milagros? Las estrellas celestiales, ¿no siguen sencillamente su curso en conformidad con las leyes de la mecánica? Pero mi sentimiento básico era el contrario, incluso ya en aquel entonces. En una bella noche estrellada en el macizo montañoso del Jura, en

Suiza, percibí dos certezas: aquí está presente Dios; y las estrellas son esferas de gas, como la física nos enseña en la actualidad. Dios y las estrellas forman una unidad, aunque nadie me haya explicado todavía cómo la forman. Descubrir esto podría ser la tarea de mi vida.

Pero años más tarde caí en la cuenta de por qué no podía hacerme pastor luterano de aquella época. Estaba sentado en mi pupitre en clase, yo, un protestante. Detrás de mí se sentaba un católico; a mi lado, un judío. A varios miles de kilómetros vivían los musulmanes. Y más allá los hindúes. Y aún más allá los budistas. ¿Había dispuesto el Dios bondadoso que yo –de entre todas las personas– naciera en la única religión verdadera?

Nunca abandoné la Iglesia evangélico-luterana en la que nací, pero la cuestión de qué relación guardan entre sí las verdades de unas y otras religiones devino central para mí. Luego, mientras estudiaba física con Heisenberg en Leipzig, asistí a una conferencia del distinguido –y entonces todavía joven– historiador de las religiones Joachim Wach, sobre las religiones de Asia. Leí las maravillosas palabras del Buda en traducción de Karl Eugen Neumann, los escritos de los chinos con comentarios de Richard Wilhelm y los de Laotse, Confucio y sus sucesores. Leí el Antiguo Testamento como una fuente sabia y magnífica de historia antigua.

Pero ¿cuáles son las experiencias en su Iglesia de un hombre joven y muy inquisitivo? Las celebraciones evangélico-luteranas centradas en la predicación, los llamados *Predigtgottesdienste*, reforzaron muy probablemente mi escepticismo. El pastor predicaba en el lenguaje solemne habitual de la época. ¿No sabía que lo que estaba diciendo en realidad no lo sabía? La liturgia latina de la Iglesia católica, con sus dos milenios de experiencia religiosa, me decía más.

Las cosas cambiaron casi radicalmente cuando Hitler subió al poder en 1933. Por una parte, al principio su ardor resonaba con una necesidad cuasirreligiosa latente en muchos de sus seguidores jóvenes. Por otra, la Iglesia cristiana tenía que defender ahora el sentido de la vida. La *Bekennende Kirche*, la Iglesia confesante, recuperó prácticas cristianas anteriores. Fue esta Iglesia la que prevaleció; y al término de la Segunda Guerra Mundial, cristianos estadounidenses, en especial cuáqueros, vinieron a Alemania trayendo alimentos y amor a las personas que pasaban hambre en las grandes ciudades.

Así, mi visión real del cristianismo mundial se amplió. Pero, antes de hablar de ello, regresemos a Alemania. Concluida la guerra, surgió una profunda división entre los Estados occidentales y los orientales. En la República Federal de Alemania, donde yo vivía, la tradición de la Iglesia confesante seguía viva y era aún influyente. Por otra parte, el término «cristiano» fue incorporado al nombre del gran partido conservador, cuyo poder tenía su base principal en la clase media. En la RDA (República Democrática de Alemania), el partido gobernante se entendía a sí mismo como socialista. Yo visitaba la RDA anualmente, no como invitado del gobierno, sino siempre como invitado de los científicos y siempre en estrecho contacto también con la Iglesia evangélica, a veces incluso con la católica. El hecho de que en 1989-1990 la reunificación alemana tuviera lugar sin derramamiento de sangre se debió en gran parte a las Iglesias (además de a la sabiduría de Gorbachov). La experiencia en el *Reich* de Hitler y en la RDA muestra que la Iglesia ha sido más efectiva allí donde ha estado bajo presión política. Después de 1990, su efectividad ha decrecido rápidamente.

Y ahora, fijémonos en el mundo. El tema «pobreza y riqueza» es el más visible aquí. Jesús se dirigió una y otra vez a los pobres. No para decirles que debían hacerse ricos ni que debían morir de hambre, sino para decirles que debían –y podían– abrirse unos a otros y a Dios. Durante las décadas que componen nuestro siglo, la teología de la liberación en Sudamérica fue probablemente el más importante intento de seguir estas instrucciones.

Mis contactos personales estaban al principio más bien en las áreas de lo político y lo social. La prevención de la guerra fue el tema del que inicialmente se ocupó el Max Planck Institut zur Erforschung der Lebensbedingungen der wissenschaftlich-technischen Welt [Instituto Max Planck para la Investigación de las Condiciones de Vida en el Mundo Científico-Tecnológico]. En asuntos sociales a escala mundial, la información me era facilitada por el Deutscher Entwicklungsdienst [Servicio Alemán de Ayuda al Desarrollo], que enviaba a jóvenes cooperantes a numerosos países y en representación del cual visité la India, diversas partes de África y en una ocasión América Central. Estaba comprometido en actividades cristianas en el Consejo Mundial de Iglesias, con sede en Ginebra (Suiza). El Consejo desarrolló entre 1983 y 1990 el Proceso Conciliar por la Justicia, la Paz y la Conservación de la Creación, sugerido en una propuesta de un congreso por la paz que realizaron los representantes de la Iglesia evangélica de la RDA. Participé en los congresos de Basilea (Suiza) en 1989 y Seúl (Corea) en 1990 en representación de la Iglesia evangélica. También participé como invitado en la Jornada Mundial de Oración por la Paz en Asís en 1986, a la que el papa invitó a las Iglesias cristianas y a las religiones de todo el mundo. Por último, estuve en contacto por carta con el Parlamento de las Religiones del Mundo celebrado en Chicago en 1993, que conmemoraba una asamblea homónima reunida un siglo antes en la misma localidad con el objetivo de formular una «ética mundial».

¿Tuvieron éxito estas reuniones? En ellas, representantes intelectuales de las distintas comunidades expresaron demandas para el futuro que me parecen vitales. Pero, dado el progresivo declive de la influencia de las religiones, la resonancia pública fue escasa.

Intentaré decir qué sería importante para mí en tres áreas: la ética, la experiencia interior y la teología. La búsqueda de una ética común, formulada ya en términos religiosos o seculares, me parece imperativa de cara a la paz, la justicia social y la protección de la naturaleza. Esta fue mi preocupación desde el principio.

Pero luego, en mi encuentro con las religiones, la experiencia de meditación se convirtió en uno de los pasos más importantes en el camino. Probablemente ya fui preparado para tal experiencia en mi infancia. Percibía algo de ella en la liturgia católica. Desde el punto de vista evangélico, la viví como invitado de la Michaelbruderschaft (Fraternidad de San Miguel). Pero la experiencia más profunda la tuve mucho más tarde, durante mi primera visita a la India, junto a la tumba del santón hindú Ramana Maharshi. Para hindúes y budistas, esta clase de experiencia quizá sea algo obvio, pero a mí me resultó inusual y conmovedora. Para todo esto, algunas reuniones que mantuve en Japón fueron educativas, así como mis contactos, cada vez más intensos, con el Dalai Lama.

Por último, la teología es el intento de expresar racionalmente lo que está siendo experimentado y buscado. Esta racionalidad me llevó inevitablemente al estudio de la relación entre ciencia y filosofía.

Los autores y editores

CHARLES BIRCH (1918-2009) fue catedrático de la Universidad de Sídney (Australia) y profesor visitante de Ecología y Genética en las universidades de Chicago, Oxford, Columbia, São Paulo, Minnesota y California. Fue distinguido con el Premio Templeton de Progreso en Religión en 1990.

S. JOCELYN BELL BURNELL (1943-), astrónoma, descubrió junto con Anthony Hewish los púlsares. Tras ocupar una cátedra de Física en la Open University de Inglaterra, donde además dirigió el Departamento de Física, y presidir la Royal Astronomical Society entre 2002 y 2004, en la actualidad es profesora visitante de Astrofísica en la Universidad de Oxford. Participa activamente en la Sociedad Religiosa de Amigos (cuáqueros) en Gran Bretaña (es decir, Inglaterra, Escocia y Gales), de la que fue *presiding clerk.*

LARRY DOSSEY (1940-), médico internista, fue jefe de personal del Medical City Dallas (Texas) Hospital y copresidente del Comité de Intervenciones Mente-Cuerpo, integrado en la Oficina de Medicina Alternativa y Complementaria de los National Institutes of Health de Estados Unidos.

OWEN GINGERICH (1930-) es catedrático emérito de Astronomía e Historia de la Ciencia en el Harvard-Smithsonian Center for Astrophysics de Cambridge (Massachusetts).

KENNETH SEEMAN GINIGER (1919-), director de una editorial neoyorquina, fue presidente de la Layman's National Bible Association y miembro del consejo asesor de la John Templeton Foundation.

PETER E. HODGSON (1928-2008) dirigió el Grupo Teórico de Física Nuclear, adscrito al Laboratorio de Física Nuclear de la Universidad de Oxford, y fue *fellow* del Corpus Christi College de esta misma localidad inglesa.

STANLEY L. JAKI (1924-2009), sacerdote benedictino y catedrático de Historia y Filosofía de la Ciencia en la Universidad de Seton Hall en Estados Unidos, fue distinguido con el Premio Templeton de Progreso en Religión en 1987.

ARTHUR PEACOCKE (1924-2006), bioquímico físico y más tarde teólogo y sacerdote anglicano, dirigió el Ian Ramsey Centre de la Universidad de Oxford y fundó la Sociedad de Científicos Ordenados. Fue galardonado con el Premio Templeton de Progreso en Religión en 2001.

JOHN POLKINGHORNE (1930-), antiguo profesor de Física Matemática en Cambridge y luego teólogo, presidente del Queens' College de Cambridge entre 1986-1996; la reina Isabel II le concedió el título de *sir*. Sacerdote anglicano, fue miembro del Comité Doctrinal y del Sínodo General de la Iglesia de Inglaterra. Recibió el Premio Templeton de Progreso en Religión en 2002.

RUSSELL STANNARD (1931-), catedrático emérito de Física en la Open University de Inglaterra, en la que también fue vicepresidente del Instituto de Física. Fue miembro del Comité Asesor sobre Ciencia y Tecnología del primer ministro del Reino Unido.

JOHN MARKS TEMPLETON (1912-2008) fundó el grupo Templeton de fondos mutualistas de inversión y, una vez retirado de la gestión financiera, dedicó sus esfuerzos a escribir y a diversas actividades filantrópicas, como el Premio Templeton de Progreso en Religión y la John Templeton Foundation. La reina Isabel II le concedió el título de *sir* en 1987.

CARL FRIEDRICH VON WEIZSÄCKER (1912-2007), físico y filósofo, fue catedrático de la Max Planck Gesellschaft de Alemania y miembro de numerosas academias científicas internacionales. En 1989 se le concedió el Premio Templeton de Progreso en Religión.